Busse/Scholz

Das ABC der Vitalstoffe

Dr. med. Wolfgang Busse
Heinz Scholz

Das ABC der Vitalstoffe

Die 220 Antworten
auf Ihre wichtigsten Fragen

Haug

Die Deutsche Bibliothek – CIP-Einheitsaufnahme
Ein Titeldatensatz für diese Publikation ist bei Der Deutschen Bibliothek erhältlich.

Fritz-Frey-Str. 21, 69121 Heidelberg
Büro Stuttgart: Steiermärker Straße 3–5, 70469 Stuttgart
www.haug-gesundheit.de

Lektorat: Dr. Elvira Weißmann-Orzlowski
Bearbeitung: Jutta Martini
Umschlagfotos: Mauritius (vorn), Photo Alto (hinten)
Umschlaggestaltung: CYCLUS · Visuelle Kommunikation, Stuttgart
Satz: Fotosatz H. Buck, Kumhausen
Druck und Verarbeitung: Westermann Druck, Zwickau

ISBN 3-8304-2060-9 1 2 3 4 5

Inhalt

Vorwort

In diesem Buch erfährt der Leser Wissenswertes über die immer wichtiger werdende Orthomolekularmedizin. In leicht verständlicher Frage- und Antwortform werden Fakten über Nähr- und Heilstoffe, über Mangelerscheinungen sowie über die Wirkung von Schwermetallen und anderen Umweltgiften auf unseren Körper dargestellt. Außerdem sind einige interessante Fallbeispiele aus der Praxis des Internisten Dr. med. Wolfgang Busse aufgenommen worden.

Ein besonderes Augenmerk wird auf die freien Sauerstoffradikale gelegt, denn sie spielen bei degenerativen Prozessen (Verschleißerscheinungen) eine Hauptrolle. Freie Radikale sind Verbindungen, die aggressiv gegen körpereigene Strukturen wirken und große Schäden anrichten. Sie beschleunigen unter anderem den Alterungsprozess und können unter Umständen sogar zu Krebserkrankungen führen können. Der Körper ist jedoch nicht wehrlos. Mit Hilfe so genannter Radikalenfänger, wie zum Beispiel Vitamin E, Vitamin C, Coenzym Q10 und Beta-Carotin, gelingt es ihm, diese Stoffe unschädlich zu machen. Oft reichen die mit der Nahrung zugeführten Stoffe allerdings nicht aus, um die Flut der freien Radikale in Schach zu halten. Gifte aller Art, Mängel an essentiellen Nährstoffen, physikalische Faktoren wie UV- oder radioaktive Strahlung und körperliche Überanstrengungen können zu einer vermehrten Bildung von freien Radikalen beitragen. Dieses Buch zeigt in verständlicher Weise auf, wie sich der Leser durch eine ausreichende Zufuhr von essentiellen Nährstoffen vor diesen freien Radikalen schützen kann.

Die vorliegende Abhandlung bietet noch eine Besonderheit. Zum ersten Mal wird außerhalb von Fachkreisen die bioelektrische Funktions-Diagnostik (BFD) beschrieben. Mittels dieser Elektro-Akupunktur-Methode ist es möglich, sofort Mängel und Belastungen festzustellen. Darüber hinaus kann auch die Menge an Nährstoffen, die notwendig ist, um Mangelsituationen zu beseitigen, bestimmt werden. Auch eine Überprüfung des Immunsystems und die Belastung mit freien Radikalen ist mit dieser Methode möglich.

Wolfgang Busse
Heinz Scholz

Die Orthomolekularmedizin

Bedeutung der Orthomolekularmedizin

Zu den orthomolekularen Substanzen gehören Vitamine, Mineralien, Spurenelemente, bestimmte Fettsäuren und Aminosäuren. Alle diese Stoffe sind so genannte essentielle Körperkonstituenten, lebensnotwendige Stoffe für den Aufbau des Körpers. Im Idealfall kann man diese Nährstoffe über eine vollwertige Nahrung erhalten. Doch leider wird es bei unserem Angebot an Nahrungsmitteln, die häufig nicht mehr naturbelassen, sondern mehr oder weniger verändert sind, kaum möglich sein, alle diese Nahrungsbestandteile in einer optimalen Zusammensetzung aufzunehmen.

Um die Bedeutung der Orthomolekularmedizin (O.M.) verstehen zu können, ist es wichtig zu wissen, dass der Stoffwechsel über die Zufuhr dieser essentiellen Körperkonstituenten in ein für jeden Menschen individuelles, optimales Gleichgewicht gebracht wird. Dadurch sollen die Stoffwechselabläufe so beeinflusst werden, dass (möglichst) keine körperfremden allopathischen, das heißt chemisch hergestellten, in der Schulmedizin verwendeten Medikamente mehr benötigt werden. Allerdings wird man dieses Ziel nicht immer voll erreichen können, wenn schon eine Schädigung oder Erkrankung, beispielsweise ein Bluthochdruck oder ein Diabetes, eingetreten ist.

Ein jüngerer Organismus ist meist in der Lage, Stoffwechselungleichgewichte zu kompensieren und organische Defekte über Reparaturmechanismen auszubessern, sodass in der Regel meist keine ernsthaften Folgen zurückbleiben. Jedoch lässt diese Reparaturfähigkeit mit zunehmendem Alter nach. Das Fehlen orthomolekularer Substanzen fördert nicht nur vorzeitige Alterungsvorgänge, sondern unterstützt auch das Entstehen chronischer Erkrankungen, die dann mit allopathischen Medikamenten behandelt werden müssen. Es wäre ein Idealfall, wenn man bis ins hohe Alter außer auf bestimmte so genannte Nahrungsergänzungsstoffe auf keine Medikamente im eigentlichen Sinne angewiesen wäre. Aber das ist heute leider selten. Meist sind bekanntlich Abnützungserscheinungen an Skelett, Herz und Kreislauf, andere Organschwächen sowie damit im Zusammenhang stehende Stoffwechselungleichgewichte dringend behandlungsbedürftig.

Mit den üblichen klassischen medizinischen Untersuchungsmethoden lassen sich Mängel sowie der Ergänzungsbedarf an essentiellen

Stoffen und die Belastung durch giftige (toxische) Stoffe nur schwer und mit größerem Aufwand bestimmen. Das Gleiche gilt auch für die Beurteilung der Menge der Sauerstoffradikale und ihrer Einflüsse. Mit Hilfe der diagnostischen Elektro-Akupunktur-Methode kann man jedoch sehr schnell genaue Einblicke gewinnen. Mit dieser Methode gewinnt man semiquantitative Antworten. Das heißt, ein Testergebnis besagt, ob der abgefragte Stoff ausreichend vorhanden ist, ob Körperschädliches in höheren Mengen oder, umgekehrt, in unbedenklichen Graden einen Organismus belasten, ferner, in welchem Ausmaß freie Radikale vorhanden sind und welche Schäden durch sie verursacht werden. In manchen Fällen kommen Patienten mit anhaltenden Beschwerden, die durch klassische medizinische Methoden nicht geklärt werden konnten. Hier kann die diagnostische Elektro-Akupunktur meist die Hintergründe klären und durch gezielte Behandlung die Beschwerden bessern oder sogar Heilungen erzielen.

Das vorliegende Buch wendet sich an Leser, die am Thema Nährstoffe und Gesundheit interessiert sind. Es soll und kann keinesfalls ein medizinisches Fachbuch ersetzen. Das Buch bringt viele Tipps, sowohl für gesunde Menschen als auch für Leser mit gesundheitlichen Problemen.

Von Bedeutung ist noch Folgendes: Es gibt zwischen völligem Wohlbefinden und offensichtlicher Krankheit viele Zwischenstufen, die sich beispielsweise durch eine eingeschränkte Leistungsfähigkeit und Befindensstörungen bemerkbar machen können. Dieses Buch gibt Ihnen Antwort auf die Frage, wie Sie ihren Gesundheitszustand erhalten und erheblich verbessern können, nicht mit chemischen Mitteln, sondern mit natürlichen Nährstoffen und bestimmten Verhaltensmaßnahmen.

Fragen und Antworten zur Orthomolekularmedizin

Man hört seit längerer Zeit den Begriff Orthomolekularmedizin innerhalb der »Biologischen Medizin«. Was beinhaltet er und was unterscheidet ihn von der gewohnten konventionellen Medizin mit chemischen und pflanzlichen Präparaten?

Die Orthomolekularmedizin bemüht sich, kurz gesagt, mittels der Gabe von Nährstoffen, die physiologische (natürliche) Bestandteile eines Organismus sind, sowie der Ausleitung von Giften den Organismus gesund zu erhalten. Damit will man Krankheiten verhüten oder heilen und den unausweichlichen Alterungsprozess so weit wie möglich hinausschieben.

Heißt das, dass Sie generell auf alle chemischen Präparate verzichten wollen?

Nein. Auf chemische Präparate wird man nie ganz verzichten können, weil es immer auch Krankheiten geben kann, die den Einsatz solcher Medikamente erfordern. Hierfür ließen sich viele Beispiele anführen wie etwa Antibiotika bei schweren Infekten und vielen anderen akuten und chronischen Erkrankungen. Aber es gelingt mit einer gezielten Nährstoffzufuhr nicht selten, den Bedarf an Medikamenten zu verringern.

Warum sollten mit Mitteln, die zu den Nährstoffen zählen, also in dem enthalten sind, was wir mit der Nahrung zu uns nehmen, Heilwirkungen erzielt werden können?

Es ist erwiesen, dass in der »üblichen« Nahrung nicht immer alle benötigten Nährstoffe in ausreichender Menge vorhanden sind. Das gilt zum Beispiel für viele Spurenelemente und manche Vitamine. Der Grund hierfür liegt zum Teil darin, dass in Böden, die mit Kunstdünger (über)gedüngt wurden, bestimmte Stoffe nicht mehr oder nicht mehr ausreichend von den Pflanzen aufgenommen werden. Aber auch in den Schlachttieren macht sich solch ein Mangel bemerkbar. Kurzum, es ist nicht selbstverständlich, dass jemand sich mit den angebotenen Nahrungsmitteln stets optimal versorgen kann. Ganz abgesehen davon ist bekannt, dass vielfach auch Rückstände chemischer Pflanzenschutzmittel unsere Lebensmittel belasten können.

Um bis ins Alter gesund und fit zu bleiben, ist es notwendig, dem Organismus über die Nahrung alle möglichen Nährstoffkomponenten anzubieten und unter Umständen auch solche zu ergänzen, die in der chemischen Analyse nicht als Mangelbereiche dargestellt werden. Auf welchen Überlegungen und Erkenntnissen beruht diese Annahme der orthomolekularen Mediziner?

Die Folgen einer nicht optimalen Versorgung mit verschiedenen Nährstoffen stellen sich unter Umständen erst nach Jahren heraus oder werden erst unter gesundheitlichen Belastungen erkennbar. Daher ist es meist sehr schwierig, Zustände von optimalem oder nicht optimalem Stoffwechsel zu definieren. Das ist auch keine leichte Aufgabe, wenn man bedenkt, dass ein ausgewachsener menschlicher Organismus aus schätzungsweise 100 Billionen Zellen mit verschiedenen Untereinheiten besteht, die wiederum verschiedene spezielle Aufgaben verrichten. Die Zellen kann man als spezialisierte biochemische »Fabriken« bezeichnen, die ununterbrochen in Aktion sind. In ihnen laufen nach Schätzungen je nach Aktivitätsstufe bis zu $3x10^{15}$ (3.000.000.000.000.000) chemische Reaktionen pro Sekunde ab.

Zusätzlich verfügt ein gesunder Organismus, im Gegensatz zu einer Maschine, über die hervorragende Fähigkeit, falsche und fehlgesteuerte biochemische Abläufe, die oft echte Krankheiten einleiten, auszumerzen und das physiologische Gleichgewicht wieder herzustellen. Es findet gewissermaßen ein Selbstheilungsprozess statt. Wenn das nicht der Fall wäre, würden wir Menschen und auch die Tiere schneller altern, aber auch viel mehr Krankheiten, einschließlich Krebs, entstehen. Dies alles wird von intakten Genen gesteuert und kann im Normalfall mehr oder weniger gut bis ins hohe Alter funktionieren.

Es dürfte demnach aber im praktischen Alltag eines Arztes schwierig sein, im Einzelfall alle oder die meisten der biochemischen Abweichungen zu erkennen, zu berücksichtigen und zu behandeln. Welche Hilfen stehen ihm da zur Verfügung?

Der Arzt hat ein Großteil davon im Studium gelernt. Doch er beschränkt sich später, sofern er kein Spezialist ist, auf die Dinge, die in der praktischen Medizin eine Hauptrolle spielen, nämlich auf den Fettstoffwechsel und den Zuckerstoffwechsel, weil sich hier die häufigsten Entgleisungen abspielen. Darüber hinaus spielen im ärztlichen Alltag auch Abweichungen eine wichtige Rolle, die zu rheumatischen Erkrankungen, Immunschwächen, Beschwerden des Nervensystems sowie zu Befindensstörungen führen. Damit wird ein Großteil der Krankheiten und Störungen abgedeckt, die in der täglichen Praxis am häufigsten vorkommen. Außerdem wird der Arzt darüber hinaus natürlich die Erkenntnisse von Spezialisten in Anspruch nehmen, wenn er erkennen muss, dass Ernsteres vorliegen könnte.

Die Orthomolekularmedizin geht von der Vorstellung aus, dass es für einen einwandfreien ungestörten Stoffwechsel erforderlich ist, dem Organismus alle (Nähr)Stoffe zur Verfügung zu stellen, die die biochemischen Abläufe ungestört ablaufen lassen und unterstützen. Sind das für alle Menschen in allen Altersstufen stets die gleichen Stoffe und Stoffmengen?

Nein, das wäre zu einfach. Man kennt innerhalb der Orthomolekularmedizin den Begriff der biochemischen Individualität. Das bedeutet, dass, so wie sich die Menschen auch äußerlich je nach Alter und Geschlecht stark voneinander unterscheiden, auch ihre biochemischen Bedürfnisse variieren können. Das macht es schwierig, jedermann stets sein Optimum an Nährstoffen anzubieten.

Welche Nährstoffgruppen gehören generell zu einem voll funktionierenden Stoffwechsel?

Es sind nicht die Nahrungskalorien liefernden Kohlenhydrate, Fette und Eiweiße. Vielmehr versteht man darunter solche Stoffe, die im Stoffwechsel eine wichtige Rolle spielen, indem sie den Ablauf aller biochemischen Abläufe steuern. Der Organismus kann sie zum großen Teil nicht selbst herstellen, sondern ist auf die Zufuhr über Nahrungsmittel oder Nahrungsergänzungsmittel angewiesen.

Folgende Nährstoffgruppen gehören dazu:

- Mineralstoffe und Spurenelemente
- Vitamine
- Stoffe, die in bestimmten Altersstufen vermehrt benötigt werden, beispielsweise Glutathion

Sind dies alle Nahrungsergänzungsmittel, die einen optimalen und ungestörten Stoffwechsel garantieren? Wenn nein, welche Stoffgruppen, die in Lebensmitteln enthalten sind beziehungsweise enthalten sein sollten, wären hier zu nennen?

Nein. Es gehören noch weitere Stoffe dazu, die aber nicht unter die genannten Gruppen fallen, nämlich Hormone beziehungsweise Stoffe, die den Hormonhaushalt unterstützen, und vitaminähnliche Nahrungsbestandteile. Vitaminähnlich bedeutet, dass sie im strengen Sinn keine echten Vitamine sind, aber im Stoffwechsel den Vitaminen ähnliche Aufgaben erfüllen. Man bezeichnet sie auch als bioaktive Lebensmittel. Diese ebenfalls sehr wichtigen Nahrungsbestandteile sind:

- Essentielle Fettsäuren
- Enzyme
- Lecithine
- Coenzym Q10

Wir leben bekanntlich nicht in einer paradiesischen Umwelt und lesen fast täglich von Problemen, die durch Umweltgifte hervorgerufen werden. Wie steht es mit diesen negativen Einflüssen auf den Stoffwechsel?

Negative Einflüsse durch Umweltgifte spielen für unsere Gesundheit eine große Rolle. Es ist fast unmöglich, ihnen ganz aus dem Wege zu gehen. Umweltgifte haben mehr oder weniger negativen Einfluss auf den biochemischen Stoffwechsel und auf Organe, indem sie die Bildung von freien Radikalen fördern, die wiederum den Stoffwechsel erheblich stören und deshalb eine größere Menge bestimmter Schutzstoffe erfordern.

Wichtige Heil- und Nährstoffe

Mineralstoffe und Spurenelemente

Welche Rolle spielen Mineralien und Spurenelemente im Stoffwechsel?

Mineralien und Spurenelemente spielen eine eminent wichtige Rolle. Sie gehören als anorganische Körperkonstituenten neben den verschiedenen Vitaminen und Hormonen zu den Stoffen, auf die der gesamte Stoffwechsel dringend angewiesen ist, um seine Aufgaben erfüllen zu können.

Was ist der Unterschied zwischen beiden Gruppen?

Die Mengen- beziehungsweise Massenelemente werden so genannt, weil sie in größeren Mengen im Körper vorliegen. Zu ihnen zählen, aufgeführt in der Reihenfolge der vorhandenen Menge im Körper: Kalzium, Phosphor, Natrium, Kalium, Magnesium, Schwefel und Chlor.

Der Rest, etwa 0,05 Prozent, zählt zu den Spurenelementen. Das sind, ebenfalls in der Reihenfolge ihres Bestandes aufgeführt: Fluor, Eisen, Zink und die echten Spurenelemente Kupfer, Jod, Mangan, Kobalt, Molybdän, Chrom und Selen.

Können bei einem Mangel an einem einzigen Stoff außer der verringerten Menge auch andere Zeichen festgestellt werden?

Ja, und zwar mit großer Regelmäßigkeit! Mit einem Mangel eines Mineralstoffes ist immer auch ein höherer Bestand an schädlichen freien Radikalen verbunden. Meist können auch weitere Abweichungen, zum Beispiel bei der Funktion einzelner Organe, oder Ergebnisse, die auf eine mangelnde Abwehr deuten oder beispielsweise den Hormonhaushalt betreffen können, festgestellt werden.

Lassen sich die Zusammenhänge zwischen Mineralstoffmangel und Krankheitszeichen auch beweisen, indem man die fehlenden Nährstoffe in einer passenden Dosis zuführt?

Ja, und dies genau ist ein wichtiger Vorteil der Testmedizin. Indem man sofort durch Eintestungen der fehlenden Stoffe in der richtigen Dosis zu einer normalen Resonanz kommt (auf das Phänomen der Resonanz wird auf Seite 99 ff. näher eingegangen), verbessern sich gleichzeitig auch die mit dem Mangel zusammenhängenden Testwerte einschließlich der Radikalenparameter. Man bekommt somit erfreulicherweise auch Hinweise für die Behandlung.

Welche Mängel konnten Sie bei den verschiedenen Mineralien beziehungsweise Spurenelementen beobachten?

Meist fehlen anfangs die Spurenelemente Zink und Selen, die beide für den Stoffwechsel sehr wichtig sind. Der bevorzugte Verbrauch dieser beiden Stoffe mag daran liegen, dass sie sehr wichtige Aufgaben im Stoffwechsel erfüllen, aber auch daran, dass sie in den üblichen Nahrungsmitteln in zu geringen Mengen enthalten sind. Dies liegt meiner Ansicht nach daran, dass der heute verwendete Kunstdünger diese Spurenelemente nicht enthält. Pflanzen benötigen Zink und Selen nämlich nicht für ihr Wachstum. Wenn sie in zu geringen Mengen in Pflanzen enthalten sind, führt das auch zu Mängeln bei Schlachttieren, die Bestandteile unserer Ernährung sind.

Hier verweise ich vor allem auf das Buch *Mineralstoffe und Spurenelemente* von Heinz Scholz, in dem alle anorganischen Körperkonstituenten ausführlich besprochen werden, einschließlich ihrer Gehalte in den verschiedenen Lebensmitteln. Aber auch die wichtigsten giftigen Schwermetalle werden dort abgehandelt. Es ist eine sehr gute Quelle für diejenigen, die sich ausführlicher informieren wollen.

Haben sich bei Ihren Untersuchungen spezielle, typische und häufiger vorkommende Ergebnisse mit Abweichungen gefunden, die den Mineralstoffwechsel betreffen?

Da gibt es einige typische, häufiger vorkommende Beobachtungen:

1. Wenn der Chlorid-Wert unterhalb der Norm gefunden wird, so ist das (paradoxerweise) meist ein Zeichen für eine Übersäuerung des Gewebes. Deshalb lässt er sich dadurch verbessern, dass man basische Mineralmischungen gibt (z.B. Basica-Pulver). Zudem muss man dann auch eine Ernährungsumstellung auf weniger tierisches Eiweiß, auf Kakao, Schokolade, Nüsse und Reis empfehlen. Die Übersäuerung des Gewebes zieht verschiedene krankhafte Folgen nach sich und muss deshalb behandelt werden.

2. Wenn es an Kalium mangelt und keine Ursachen für Verluste, zum Beispiel durch starkes Schwitzen, Durchfälle oder aber auch die Gabe von Wasser ausscheidenden Mitteln (Diuretica), vorliegen, muss man daran denken, dass eine geschwächte Nierenfunktion dafür verantwortlich sein kann. Ist das der Fall, wird zu viel Kalium über den Harn ausgeschieden. Dies kann man durch Testen des Organs »Niere« klären. Die geschwächte Nierenfunktion muss demnach behandelt werden.

Wie können Mängel von Spurenelementen festgestellt werden?

Es macht Schwierigkeiten, den jeweiligen Gehalt der eigentlichen Spurenelemente chemisch genau zu bestimmen, da sie sich nicht in ausreichender Menge im Blutserum widerspiegeln und deshalb durch Labortest im Vollblut erfasst werden müssen. Dabei ist ein hoher Aufwand an Analysegeräten notwendig. Mit der diagnostischen Elektro-Akupunktur gibt es weniger Schwierigkeiten, wenn auch keine exakt qualitativen Ergebnisse erzielt werden. Die erreichten zeigen aber an, wo Mängel vorhanden sind und in welcher Dosierung die Spurenelemente verabreicht werden müssen (s. Seite 99 ff.).

Welche Bedeutung hat Chrom für den menschlichen Körper?

Chrom spielt zusammen mit Zink eine sehr wichtige Rolle im Zuckerstoffwechsel, weil Chrom ein Bestandteil des Glucose-Toleranzfaktors (GTF) ist. Bei übergewichtigen Erwachsenen entsteht oft eine Insulinresistenz, das heißt, der Organismus muss viel mehr Insulin einsetzen, um den Zucker (Glucose) als Betriebsstoff durch die Zellmembran in die Zellen einzuschleusen. Das hat Folgen. Der Betreffende nimmt zu, und zwar hauptsächlich um die Bauchmitte. Seine Blutfettwerte, besonders die Triglyceride, steigen an. Das hat wiederum negative Auswirkungen auf andere Krankheitserscheinungen. Man nennt diese Entwicklung Metabolisches Syndrom.

Der Glucose-Toleranzfaktor hat die Aufgabe, den Übertritt von Zucker in die Zellen zu erleichtern und dabei das Insulin zu unterstützen. Das hat zur Folge, dass weniger Insulin benötigt wird. Dadurch werden die negativen Auswirkungen des Metabolischen Syndroms gemildert oder beseitigt. Aber es gehört auch gleichzeitig eine ausreichende Zinkversorgung dazu.

Welche Folgen hat das Metabolische Syndrom?

Diese Stoffwechselstörung äußert sich folgendermaßen:

- Übergewicht mit Fettansatz im Bauchbereich
- Erhöhung der Blutfettwerte, besonders von Neutralfett
- Gefahr, dass diese Stoffwechselstörung in eine echte Zuckerkrankheit mündet (Diabetes Typ 2 oder Altersdiabetes)

Was muss man essen oder per Nahrungsergänzung einsetzen, um das Metabolische Syndrom mit seinen Folgen zu vermeiden oder es zu normalisieren?

Wenn bereits ein Metabolisches Syndrom besteht, reichen chromreiche Nahrungsmittel allein nicht mehr aus. Selbstverständlich ist der Konsum von zuckerhaltigen Lebensmitteln zu vermeiden, aber auch der Verzehr von reichlich stärkehaltigen Lebensmitteln wie Weißmehlprodukte, Reis oder Kartoffeln sollte möglichst eingeschränkt werden, weil sie zur Verwertung im Körper Insulin benötigen.

In welcher Form und Dosis muss das Spurenelement Chrom eingesetzt werden, um eine Zuckerstoffwechsel-Störung, also das Metabolische Syndrom zu bessern?

Am besten verwendet man Chrom als organisches Salz, nämlich als Chrompicolinat. Picolinsäure ist eine im Organismus vorkommende organische Säure, die sich vom Vitamin Nikotinsäure (Niacin) ableitet. Man benötigt zwischen 200 und 500 Mikrogramm (mcg) Chrompicolinat, wenn ein Metabolisches Syndrom besteht.

Welche Bedeutung hat Jod für den menschlichen Körper?

Eine ausreichende Jodversorgung ist notwendig, damit die Schilddrüse Hormone herstellen kann. Diese steuern die Körpertemperatur, den Wasserhaushalt, den Sauerstoffverbrauch und die Funktion des zentralen Nervensystems. Außerdem haben sie Einfluss auf das Wachstum und die körperliche Entwicklung. Falls es an Jod mangelt, sinkt der Hormongehalt. Das führt zu einer Schilddrüsenunterfunktion und zu einer Vergrößerung der Schilddrüse bis hin zur Kropfbildung. Da im Süden Deutschlands wenig Jod vorhanden ist, muss hier in der Regel das Spurenelement Jod mit 100 bis 400 Mikrogramm ergänzt werden, sofern kein jodhaltiges Salz zum Würzen verwendet wird. In manchen Fällen muss jedoch auch ein Schilddrüsenhormonpräparat verordnet werden.

Da die Schilddrüse auch von der Hirnanhangdrüse, der Hypophyse, über das Hormon TSH (Thyreoidea-stimulierendes Hormon) gesteuert wird, kann der TSH-Wert ansteigen und damit die Schilddrüse zu einer gesteigerten Hormonproduktion anregen, falls zu wenig Schilddrüsenhormon vorhanden ist, und umgekehrt. Somit liefert neben den Schilddrüsenhormon-Werten der TSH-Wert einen Hinweis auf die Funktion der Schilddrüse.

Haben Sie Beobachtungen zur Bedeutung des Spurenelements Kobalt machen können?

Immer wenn ein Mangel an Vitamin B_{12} besteht, stellt man auch einen Mangel an Kobalt fest. Es ist nämlich ein Bestandteil dieses Vitamins, das deshalb auch Cobalamin genannt wird. Bei bestimmten Formen von Blutarmut liegt nicht nur ein Eisenmangel, sondern auch ein Cobalamin-Mangel vor. Beide müssen dementsprechend mit einer Kombination von Eisen und Cobalamin (Vitamin B_{12}) behandelt werden.
Ein isolierter Mangel an Kobalt, der bei Nervenstörungen mit Schmerzen und Abgeschlagenheit beobachtet wird, kann auch auf einen zusätzlichen Mangel an anderen B-Vitaminen hinweisen (s. auch Vitamin B_{12}-Mangel, Seite 39).

Welche Beobachtungen haben Sie mit Kupfer und Eisen gemacht?

Eine Überlastung mit Eisen habe ich fast nie gesehen, aber häufig das Gegenteil, einen Eisenmangel. Besonders häufig sind Frauen betroffen, da sie über die Periodenblutung Eisen verlieren und es nicht ausreichend über die Nahrung wieder ergänzen. Bei jungen Frauen beispielsweise, die eine Schlankheitsdiät einhalten, kommt es fast regelmäßig zu Eisendefiziten, die zu Müdigkeit und Leistungsschwäche führen. Ein Eisenmangel kann auch bei Entzündungen auftreten und gleichzeitig ein Kupferüberschuss entstehen. Das Verhältnis von Eisen zu Kupfer verschiebt sich bei einem Eisenmangel zugunsten von Kupfer und kann als Hinweis auf eine Entzündung gewertet werden.

Umgekehrt ist ein Kupfermangel manchmal zu beobachten, wenn eine Leberstörung vorliegt. Da in der Leber Kupfer – an ein Eiweiß gebunden als Coeruloplasmin – gehäuft vorkommt, kann ein Kupfermangel auf eine Leberstörung hinweisen. Wird die Leber behandelt, normalisiert sich der Kupferwert wieder.

Es gibt auch umgekehrt ernste Krankheitszustände des zentralen Nervensystems, die durch eine starke Kupferüberlastung aufgrund eines genetischen Defektes entstehen. Diese angeborene Störung führt zum Morbus Wilson, einer Krankheit, die mit vermehrter Zinkzufuhr als Gegenspieler des Kupfers behandelt werden kann.

Kupfermangel spielt auch eine Rolle bei der Überlastung durch freie Sauerstoffradikale. Kupfer ist nämlich in einem Schutzenzym gegen Radikale enthalten, der Superoxid-Dismutase, die vor allem bestimmte Zellbestandteile, die Mitochondrien (s. dazu Seite 71, 79 ff.), schützt.

Wie hoch ist der tägliche Bedarf an Kupfer?

Der tägliche Bedarf liegt bei 2 bis 4 mg.

Welche Auswirkungen kann man bei einem Kupfermangel beobachten?

Typisch bei einem Kupfermangel sind Pigmentstörungen, da im Hautpigment Melanin Kupfer enthalten ist. Kupfermangel zeigt sich durch Hautblässe und frühzeitiges Ergrauen der Haare sowie durch Haarwachstumsstörungen. Wie bedeutend eine ausreichende Kupferversorgung ist, zeigt sich auch an Immunstörungen mit Infektanfälligkeit, Bindegewebsschwäche und Förderung von Arteriosklerose bei Kupfermangel. Somit ist dieses Spurenelement für die Gesundheit außerordentlich wichtig.

Wie steht es mit Magnesium?

Magnesium ist ein sehr wichtiges Mineral, das im Körper verschiedenste Aufgaben erfüllt. Ein Mangel an Magnesium wird immer dann gefunden, wenn jemand über Muskelkrämpfe, besonders in den Waden, klagt. Diese treten häufig nachts auf und können durch ausreichende Magnesiumgaben schnell beseitigt werden. Auffallend ist, dass ein Magnesiummangel bei bestimmten Menschen gehäuft auftritt, auch wenn sie sich relativ magnesiumreich ernähren. Die Ursache dafür könnte eine angeborene Schwäche der Magnesium-Resorption (Aufnahme) im Darm sein. Magnesium muss über ein Transporteiweiß (Carrier) in den Körper geschleust werden, das bei diesen Menschen fehlen könnte. In solchen Fällen kann man die Resorptionsschwäche umgehen, indem man reichlich Magnesium anbietet. Deshalb habe ich beobachtet, dass manche Menschen mehr als sonst üblich von diesem Mineral benötigen. Eine weitere Beobachtung zum Magnesium betrifft die Herzrhythmusstörungen durch häufige Extrasystolen. Auch in solchen Fällen kann man mit Magnesiumgaben häufig Besserungen erzielen.

Gilt Ähnliches nicht auch für das Mineral Kalzium?

Beide – Magnesium und Kalzium – sollten in einem bestimmten Verhältnis zueinander vorhanden sein. Das gilt übrigens auch für Kalzium und Kalium, da sie die Geschwindigkeit der Nervenleitungen beeinflussen können. Ein Abfall des Kalziumgehaltes im Blut kann krampfartige, so genannte tetanische Anfälle auslösen, die für den Betroffenen sehr unangenehm sind. Dabei spielt auch ein Hormonmangel der Nebenschilddrüsen eine Rolle, der zu einem deutlichen Abfall des Kalziumgehaltes im Blut führt.

Aber die größte Menge des Kalziums ist bekanntlich im Skelett vorhanden. Kalziummangel führt zu Osteoporose (Knochenschwund) bei älteren Menschen, besonders bei Frauen. Ihr Kalziumstoffwechsel wird besonders vom weiblichen Geschlechtshormon, dem Östrogen, gesteuert, das nach der Menopause langsam abnimmt. Dagegen hilft eine Östrogen-Substitution nach den Wechseljahren.

Beim Kalzium gibt es aber noch eine Besonderheit: Seine Aufnahme im Darm ist abhängig von der Versorgung mit Vitamin D. Dieses Vitamin wird benötigt, um aus kalziumhaltigen Nahrungsmitteln das Kalzium in den Körper aufzunehmen. Falls Vitamin D fehlt, geht ein Großteil des Kalziums aus der Nahrung verloren, und somit kann der Körper an diesem Mineral langsam mehr oder weniger verarmen. Dabei geht insbesondere das in den Knochen gebundene Kalzium verloren. Es entsteht dann allmählich eine Osteoporose mit einer verringerten Stabilität des Skeletts und der Gefahr von Knochenbrüchen beim Fallen.

Vitamin D wird entweder durch Nahrungsmittel, vor allem fetten Fisch, aufgenommen, zum Teil wird es aber auch vom Körper selbst gebildet. Das geschieht in der Haut durch ultraviolettes Licht, indem zum Beispiel durch Sonnenbestrahlung aktives Vitamin D aus einer in der Haut vorhandenen Vorstufe entsteht. Da im Winter sehr wenig Sonnenlicht auf die Haut kommt, ist diese sonnenarme Jahreszeit eine Ursache für eine Vitamin D- und somit auch für eine Kalziumverarmung. Menschen, die im hohen Norden wohnen, etwa die Eskimos, verarmen deshalb aber nicht an Kalzium und Vitamin D, weil sie sich reichlich von Fisch ernähren. Wir könnten uns das auch nutzbar machen, indem wir uns den altbekannten, aber fast schon vergessenen Lebertran als Vitamin D-Quelle zuführen würden. Man benötigt davon in Kapselform zwischen 3 und 9 g täglich. Lebertran enthält darüber hinaus noch viele Spurenelemente, ungesättigte Fettsäuren und auch östrogenartige Substanzen. Die Fettsäuren des Lebertrans können auch erhöhte Cholesterinwerte senken. Außerdem ist es eine sehr preisgünstige Nahrungsergänzung. Voraussetzung ist natürlich, dass jemand nicht an Fettunverträglichkeit leidet.

Wie wichtig ist Magnesium für den menschlichen Körper, und wie äußert sich ein Magnesiummangel?

Etwa 300 Enzyme wären ohne Magnesium wirkungslos. Magnesium schützt Herz und Gefäße, verhindert Thrombosen, stabilisiert die Zellwände und hemmt krankhafte Erregungsvorgänge. Untersuchungen zeigten bei einem großen Prozentsatz aller Herzinfarktpatienten einen Magnesiummangel. Unabhängig voneinander stellten Forschungsgruppen fest, dass im Herzmuskel von Menschen, die an plötzlichem Herzversagen gestorben waren, ein akuter Magnesiummangel bestand. Magnesium eignet sich deshalb auch zur Vorbeugung gegen Herzinfarkt.

Ein Mangel an Magnesium äußert sich ferner in muskulären Verkrampfungen, beispielsweise Ameisenlaufen, Kribbeln, Taubheit, Wadenkrämpfe, Verspannungen oder Schmerzen im Hinterkopf, in Eingeweidekrämpfen, nervlichen Krampfformen sowie Herz- und Blutgefäßverkrampfungen wie Herzenge, Herzschmerzen, Herzjagen, Herzdruck oder Herzrhythmusstörungen.

Hilft Magnesium auch, erregte Nerven zu dämpfen?

Magnesium hemmt als Gegenspieler des Kalziums alle Erregungsvorgänge. Durch die Dämpfung der Nerven- und Muskelerregbarkeit ist Magnesium bei krampfartigen Kopfschmerzen, Gefäßkrämpfen und Krämpfen innerer Organe wirksam. Wegen seiner die Erregung absenkenden Wirkung wird es auch als »Anti-Stress-Mineral« bezeichnet. Menschen mit nervöser Erschöpfung und funktionellen Störungen an Herz, Kreislauf und vegetativem Nervensystem, aber auch Kinder, die unter Nervosität, Tics (Grimassen, Gliederzucken), leichter Reizbarkeit, Unbeherrschtheit und Konzentrationsschwäche leiden, profitieren von einer Magnesiumzufuhr.

Stimmt es, dass dieser Mineralstoff auch bei Migräne sowie gegen Lärm und Stress hilft?

Da Migräne häufig durch äußere Reize ausgelöst wird, kann die dämpfende Wirkung des Magnesiums auch bei dieser Krankheit hilfreich sein.

Der Einfluss von Stress und seine schädliche Wirkung auf den Organismus werden durch einen Magnesiummangel verstärkt. Zwischen Lärmstress und Magnesiumbedarf bestehen enge Zusammenhänge. In Studien wurde Folgendes ermittelt: Je geringer der Magnesiumgehalt in den roten Blutkörperchen ist, umso empfindlicher reagieren Testpersonen auf Lärm. Ein Blutdruckanstieg und psychische Spannungszustände waren die Folge. Lärmempfindlichkeit kann durch eine Magnesiumzufuhr gelindert werden.

Können Sie Angaben zur Bedeutung des Spurenelements Mangan machen?

Bei meinen Patienten wurde nicht selten eine verminderte Manganversorgung festgestellt. Da Mangan als wichtiges Coenzym bekannt ist, das für viele Stoffwechselvorgänge benötigt wird, schreibt man ihm eine mögliche Bedeutung bei vielen Störungen zu, beispielsweise bei Diabetes, Epilepsie und Knochenstörungen. Wichtig ist Mangan für die Produktion des Enzyms Superoxid-Dismutase, welches die Mitochondrien vor Angriffen durch freie Radikale schützt.

Konnten Sie Beobachtungen über die Bedeutung des Spurenelements Molybdän sammeln?

Bei Molybdän-Mangelzuständen wurden in der Fachliteratur einige krankhafte Beobachtungen beschrieben. Mir fiel insbesondere auf, dass ein Molybdänmangel oft mit einer erhöhten Harnsäure verbunden ist. Die Ursache dafür ist, dass Molybdän ein wichtiger Bestandteil des Enzyms Xanthinoxidase ist. Dieses Enzym benötigt der Körper, um Harnsäure, die schwer ausgeschieden werden kann, in den leicht ausscheidbaren Harnstoff umzuwandeln. Deshalb findet man auch bei

Gicht meist einen Molybdänmangel. Durch Gaben von Molybdän werden die Gichtsymptome gebessert.

Ein zweites Enzym, die Sulfitoxidase, ist ebenfalls auf Molybdän angewiesen. Dieses Enzym besorgt im Körper die Umwandlung giftiger Sulfite in unschädliche und leicht ausscheidbare Sulfate. Sulfite kommen in geschwefeltem Dörrobst oder auch in geschwefelten Weinen vor. Manche Menschen reagieren darauf mit Kopfschmerzen und anderen Unverträglichkeitserscheinungen. In solchen Fällen sollte man Molybdän ergänzen.

Welche Bedeutung hat das Element Phosphor im Stoffwechsel?

Phosphor ist nach Kalzium das zweithäufigste Element im Organismus. Von besonderer Wichtigkeit sind Phosphor und Kalzium als Baustoffe der Knochen. Als Lecithin (Phosphatidylcholin) ist es Bestandteil aller Zellmembranen und schützt somit die Zellen. Ferner hat es eine Bedeutung bei ihrer Energieproduktion in Form der chemischen Verbindung ATP (Adenosintriphosphorsäure), die innerhalb der Zellen von den Mitochondrien, den »Kraftwerken« der Zelle, hergestellt wird.

Wie hoch ist der tägliche Bedarf an Phosphor? Durch welche Lebensmittel wird der Mineralstoff zugeführt?

Die tägliche Einnahme von Phosphaten sollte zwischen 800 und 1.500 mg liegen. Milch und Milchprodukte sind die hauptsächlichsten Phosphorquellen neben Eiern, Fisch und Fleisch sowie lecithinhaltigen Produkten.

Wie wirkt sich Phosphatmangel aus?

Der Mangel wirkt sich negativ auf die Knochen und die Energieproduktion aus. Insbesondere sind phosphorhaltige Verbindungen aber auch für eine gute Gehirn- und Nervenfunktion notwendig. Dabei spielen die Verbindungen Phosphatidylcholin (Lecithin) und das Phosphatidylserin eine Rolle. Letzteres wird eingenommen, um das Gedächtnis zu stärken. Wenn jemand Medikamente einnimmt, die die Magensäure binden und absenken, können diese auch Phosphor binden, sodass geringere Mengen resorbiert werden. Schließlich muss man wissen, dass bei einem Mangel an Vitamin D neben Kalzium auch Phosphor vermindert aufgenommen wird.

Haben Schwefelverbindungen eine Bedeutung für den menschlichen Stoffwechsel?

Schwefel gehört auch zu den Mengenelementen, da sein täglicher Bedarf über 100 mg beträgt. Er ist sowohl in anorganischer Form als Sulfat als auch in organischen Verbindungen als Baustein der Aminosäuren ein sehr wichtiger Bestandteil des Stoffwechsels. Bei den anorganischen Verbindungen muss man unterscheiden zwischen den Sulfaten, den Salzen der Schwefelsäure, die ungiftig sind und von den Nieren ausgeschieden werden, sowie den Sulfiten, den Salzen der schwefligen Säure, die giftig sind und beispielsweise nach Weingenuss für Kopfschmerzen verantwortlich sind. Letztere werden mit Hilfe der Sulfitoxidase in unschädliche und über die Nieren ausscheidbare Sulfate umgewandelt. Die Sulfitoxidase wiederum benötigt das Spurenelement Molybdän (s. Seite 23).

Sehr wichtig für den Menschen sind einige schwefelhaltige Aminosäuren und deren Folgeprodukte, die Bestandteile der Eiweiße sind, beispielsweise Cystein, Methionin, Glutathion und Taurin.

Welche Nahrungsmittel sind besonders schwefelhaltig?

Gute Schwefelquellen sind tierisches Eiweiß, verschiedene Nuss-Sorten, Haferflocken und Kakao. Knoblauch enthält eine organische Schwefelverbindung (Allicin) mit Cholesterin senkender Wirkung. Auch Zwiebeln weisen organische Schwefelverbindungen auf.

Welche Erkenntnisse haben sich aus Ihren Untersuchungen ergeben?

Bei meinen Untersuchungen fiel mir auf, dass nicht selten bei strengen Vegetariern ein Mangel an Schwefel vorhanden war. Dieser Mangel ließ sich beseitigen, wenn sie ein Präparat mit essentiellen Aminosäuren einnahmen. Essentielle Aminosäuren sind solche, die der Körper nicht selbst herstellen kann und er deshalb auf die Zufuhr über Nahrungsmittel angewiesen ist. Offenbar fehlen diese Aminosäuren in vegetarischer Kost und müssen ergänzt werden, weil sie zum Aufbau wichtiger Eiweißverbindungen notwendig sind (s. Seite 48).

Das Spurenelement Selen wird häufig zur Nahrungsergänzung empfohlen und es ist auch in manchen Mineralstoffpräparaten enthalten. Welche Erfahrungen haben Sie mit Selen gemacht?

Es ist wirklich ein sehr wichtiges Spurenelement, das vielen Menschen mangelt oder gar fehlt. Das mag daran liegen, dass in unseren Böden zu wenig Selen vorhanden ist. Somit sind auch die Pflanzen und Tiere, von denen wir uns ernähren, selenarm, und wir müssen es ergänzen.

Welche Folgen entstehen durch Selenmangel?

Selen ist notwendig, um zu verhindern, dass sich einige giftige Metalle, die wir zwangsläufig mehr oder weniger aufnehmen (z.B. Quecksilber, Platin), im Körper binden. Über eine Selenzufuhr kann beispielsweise Quecksilber und teilweise auch Platin, das von Abgasen der Katalysatoren in Autos stammt, ausgeschieden werden.

Selen ist auch für die Schilddrüse wichtig, weil es als Bestandteil eines Enzyms bei der Synthese von Schilddrüsenhormonen mitwirkt. Häufig leiden Menschen mit einer Schilddrüsenunterfunktion unter Selenmangel.

Es gibt Beobachtungen, dass bei einem Mangel an Selen häufiger Herzinfarkte entstehen. In Finnland, das besonders selenarm ist und eine hohe Herzinfarktrate aufweist, wurde per Gesetz angeordnet, dem Kunstdünger Selen beizumischen. In China gibt es eine besonders selenarme Region. Dort beobachtet man die so genannte Keshan-Krankheit, die zu typischen Herzbeschwerden führt.

Das Immunsystem ist besonders auf eine ausreichende Selenversorgung angewiesen. Von einem intakten Knochenmark ausgehend, entsteht eine Kaskade von Elementen, die für spezielle Aufgaben der Abwehr wichtig sind. Hierbei spielt die Glutathionperoxidase eine sehr wichtige Rolle. Sie ist aber nur dann aktiv genug, wenn sie ausreichend Selen enthält. Aus diesem Grund wird heute bei Krebserkrankungen auch hoch dosiert Selen eingesetzt.

Wie viel Selen benötigt ein Mensch?

Man nimmt an, dass ein gesunder erwachsener Mensch täglich zwischen 50 und 100 Mikrogramm Selen über die Nahrung aufnehmen sollte. Das ist aber bei den heutigen Nahrungsmitteln nicht garantiert, weil sie zum Teil zu wenig Selen enthalten. Ältere Menschen und Kranke benötigen meist noch größere Mengen.

Sie überprüfen auch das Element Silizium. Haben Sie hierbei erwähnenswerte Erfahrungen gesammelt?

Silizium hat als Bestandteil des Organismus deshalb eine Bedeutung, weil es als Strukturelement relativ reichlich im Bindegewebe und im Skelett gebunden ist. Hier sorgt es für eine ausreichende Elastizität, sodass ein Siliziumdmangel sich in Form von Nagelbrüchigkeit, Haarausfall und geringer Knochenfestigkeit bemerkbar machen kann. Besonders die Knochen bildenden Zellen enthalten Silizium. Da es aber auch für die Elastizität der Gefäßwände benötigt wird, muss man bei Arteriosklerose auch an einen Siliziummangel denken. Somit kann Siliziummangel zu Haarausfall, Nagelbrüchigkeit, Hautalterung und Knochenproblemen führen.

Eine Beobachtung erscheint mir noch erwähnenswert, nämlich dass Menschen mit Depressionen zum Teil hohe Siliziumwerte im Test aufwiesen, wofür ich in der Fachliteratur keine Erklärung fand.

Wie viel Silizium sollte täglich eingenommen werden?

Der tägliche Bedarf wird auf 10 bis 40 mg geschätzt.

Können Sie uns zum Abschluss eine Zusammenfassung der wichtigsten Funktionen und Vorkommen von Mineralstoffen geben?

Das geht am besten in Form einer Tabelle:

Element	Funktion	Vorkommen
Chrom	Verbesserung der Zuckertoleranz bei Diabetikern; Aktivierung von Enzymen	Keime, Gewürze, Vollkornbrot, Kleie, Obst, Gemüse, Kakao, Bohnen, Melasse, Innereien, Käse, Fleisch
Eisen	Baustein des Blut- und Muskelfarbstoffs; Regulation der Blutreaktion; Enzymbaustein	Schnittlauch, Petersilie, Innereien, Fleisch, Hirse, Spinat, Kresse, Brennnessel, Vollkornbrot, Bierhefe, Sojaprodukte, Weizenkeime, Hülsenfrüchte, Getreidekeime, Sesamsamen

Element	Funktion	Vorkommen
Jod	Bestandteil von Schilddrüsenhormonen	Spinat, Pilze, Möhren, Brokkoli, Nüsse, Grünkohl, Roggenbrot, Seefische, Austern, Miesmuscheln
Kalium	Regulation des osmotischen Druckes; wichtig für die Biosynthese von Eiweiß und notwendig für die Erregbarkeit von Muskeln und Nerven	Gemüse, Obst (Banane, Feige), Nüsse, Trockenfrüchte, getrocknete Pilze, Kartoffeln, Hefe, Sojabohnen
Kalzium	Wichtig für die Blutgerinnung, den Aufbau der Knochen und Zähne; Steuerung der Erregung von Muskeln und Nerven	Milch, Milchprodukte, Nüsse, Hefe, Gemüse, Sesamsamen
Kobalt	Baustein von Cobalamin (Vitamin B_{12}); Beteiligung an der Bildung der roten Blutkörperchen; Enzymbestandteil	Hülsenfrüchte, Nüsse, Weizenkeime, Käse, Fische, Kakao, Weizenkleie, Fleisch, Haferflocken, Austern
Kupfer	Aktivierung von Enzymen; Beteiligung an der Bildung der roten Blutkörperchen, am Pigmentstoffwechsel und am Abwehrmechanismus	Leber, Hülsenfrüchte, Bierhefe, Kakao, Schokolade, Kleie, Austern, Miesmuscheln
Magnesium	Aktivierung von 300 Enzymen; Cholesterin senkende und blutgerinnungshemmende Wirkung	Getreide, Gemüse, Nüsse, Sojabohnen, Kakao, Milch- und Vollkornprodukte, Weizenkleie, Weizenkeime, Steinmetzbrot
Mangan	Aktivierung von Enzymen; wichtig für die Blutfettsynthese und Mucopolysaccharidsynthese	Nüsse, Hülsenfrüchte, Bierhefe, Weizenkeime, Weizenkleie, Haferflocken, Kakao, Sojabohnen, Hirse, Austern
Molybdän	Aktivierung von Enzymen (Sulfitoxidase, Xanthinoxidase); Entgiftung und Schutz der Nieren	Hülsenfrüchte, Fische, Weizenkeime, Bierhefe, Gemüse, Kartoffeln, Mais, Reis, Vollkornbrot, Innereien, Hühnerei, Fleisch

Element	Funktion	Vorkommen
Natrium	Regulation des Wasserhaushaltes, osmotischen Druckes und Säure-Basen-Haushalts; notwendig für die Erregbarkeit von Muskeln und Nerven	Wurstwaren, Käse, geräucherte und gesalzene Produkte, schwarze Olive, russischer Kaviar
Phosphor (Phosphat)	Baustein der Knochen und Zähne; organische Phosphorverbindungen sind wichtige Energieüberträger; Regulation des Säure-Basen-Haushalts; wichtig für einige Überträgersubstanzen in Gehirn und Nerven	Käse, Nüsse, Wurst, Weizenkeime, Sojabohnen, Kakaopulver, getrocknete Pilze, phosphathaltige Getränke, Bierhefe, Sesamsamen, Hülsenfrüchte, Innereien, Fleisch, Eier
Selen	Enzymbestandteil; Entgiftung von Schwermetallen; antioxidative Wirkung; Zerstörung giftiger Peroxide	Sonnenblumenkerne, Sojabohnen, Leinsamen, Reis, Getreide (aus USA), Hülsenfrüchte, selenreiches Brot, Schweineniere, Fisch, Eier, Leber, Fleisch
Silizium	Beteiligung am Wachstum von Haaren und Nägeln; Aktivierung der Fresszellen	Kartoffeln, Mineralwasser, Hirse, Pektin, Getreide, Fleisch
Zink	Bestandteil von über 200 Enzymen; wichtige Rolle beim Dämmerungssehen, bei der Insulinproduktion und Insulinspeicherung	Austern, Fische, Fleisch, Milch, Eier, Karotten, Getreide, Haferflocken, Kleie, Bierhefe, Innereien, Weizenkeime, Pinienkerne

Vitamine

Welche Bedeutung haben Vitamine?

Vitamine sind lebensnotwendige Nahrungsbestandteile, die der Organismus unbedingt benötigt und die er normalerweise über die Nahrung aufnimmt. Vitamine haben eine biokatalytische Wirkung, das heißt, sie sorgen dafür, dass biochemische Abläufe im Organismus ungestört und regelrecht ablaufen können. Falls ein oder mehrere Vitamine fehlen, kommt es zu Vitamin-Mangelkrankheiten. Bei bestimmten Krankheiten oder Störungen kann es notwendig sein, einzelne Vitamine auch in einer höheren Dosierung als normalerweise angegeben zur Behandlung einzusetzen.

Welche Gruppen von Vitaminen gibt es?

Man unterscheidet die Vitamine nach ihrer Löslichkeit in Wasser oder Fett. Zu den wasserlöslichen gehören die Vitamine B_1, B_2, B_6 und B_{12} sowie die Folsäure, das Niacin, die Pantothensäure, das Biotin und das Vitamin C.

Fettlösliche Vitamine sind die Vitamine A, D, E und K.

Es heißt immer, dass eine »vollwertige« Ernährung alle notwendigen Vitamine enthalte und keine zusätzlichen Vitamingaben notwendig seien. Entspricht diese Ansicht auch Ihren Erfahrungen?

Nach meinen Erfahrungen ist das meist der Fall bei gesunden und jüngeren Menschen, die sich vollwertig ernähren. Sie benötigen keine zusätzlichen Vitamingaben. Aber es gibt auch Ausnahmen, wenn beispielsweise jemand Raucher ist oder einem stärkeren seelischen und körperlichen Stress ausgesetzt ist. In diesen Fällen ist der Bedarf erhöht.

Betrifft also das Problem Vitaminmangel nur Mangelernährte oder chronisch Kranke?

Es ist in den überwiegenden Fällen so, dass nur Schwangere, Stillende und chronisch Kranke, aber auch manche ältere Menschen einen mehr oder wenig erhöhten Vitaminbedarf haben, um ihren Stoffwechsel im Optimum zu halten.

Wie steht es mit der generellen Vitaminversorgung bei älteren Menschen, besonders bei denen, die schon gewisse Alterserkrankungen haben, auf eine Verpflegung im Heim angewiesen sind oder an Magen-Darm-Erkrankungen leiden?

Bei diesen Personen ist mit größter Wahrscheinlichkeit ein mehr oder weniger ausgeprägter Vitaminmangel vorhanden. Das ist bekannt und wurde durch mehrere Studien nachgewiesen. Eine zusätzliche Versorgung mit Vitaminmischungen führt bei diesen Personen zu einer Verbesserung ihres Gesundheitszustandes.

Gibt es medizinische oder kosmetische Anwendungen von Vitaminen?

Ja, das zeigt die folgende Tabelle:

Vitamin	Wirkung
Retinolsäure (Vitamin A-Abkömmling)	Akne
Beta-Carotin	Schutz vor UV-Strahlung
B-Vitamine	Schmerzlinderung
Vitamin B_6	Periodenschmerzen
Niacin	Erhöhte Blutfettwerte, Sonnenallergie
Vitamin C, Pantothensäure	Wundheilung
Vitamin E	Rheumatische Erkrankungen
Vitamin E, Biotin	Hautkrankheiten
Biotin	Brüchige Nägel, Haarausfall

Ist es mittels der diagnostischen Elektro-Akupunktur möglich, den Bedarf an Vitaminen zu bestimmen?

Das ist für die wichtigsten Vitamine möglich, vor allem für die Vitamine der B-Gruppe und die Folsäure. Sehr wichtig ist auch die Bestimmung von Vitamin D, das sehr häufig im Winter durch die geringe Sonneneinstrahlung abfällt und dann einen negativen Einfluss auf den Kalzium- und Phosphorgehalt hat. Diese Mineralstoffe können bei einem Vitamin D-Mangel nicht ausreichend aus dem Darm resorbiert werden.

Schwangere und Stillende benötigen mehr Vitamine. Welche Mengen sollten sie aufnehmen?

Die Mengen sind aus der folgenden Tabelle ersichtlich. Wichtig für schwangere Frauen ist besonders die Folsäure, weil sie davor schützt, dass bei Säuglingen als Fehlbildung ein offener Rücken (Spina bifida) entsteht. Es sollte aber auch immer auf eine ausreichende Mineralstoff- und Spurenelement-Versorgung geachtet werden.

Außerdem ist anzumerken, dass es eine so genannte biochemische Individualität gibt. Diese besagt, dass es sich bei den Empfehlungen immer nur um Durchschnittswerte handelt, die von Fall zu Fall auch höher oder niedriger veranschlagt werden können. Mittels einer exakten Elektro-Akupunktur-Testung kann man solche individuellen Bedarfsunterschiede erkennen. Ferner gelten die in der Tabelle aufgeführten Werte für gesunde Menschen. In den USA nimmt man übrigens teilweise höhere Werte an.

Vitamin	Normalbedarf Frauen/Männer	Bedarf in der Schwangerschaft	Stillende
Vitamin A	0,8 mg/1,0 mg	1,1 mg	1,5 mg
Vitamin B_1	1,0 mg/1,0–1,3 mg	1,2 mg	1,4 mg
Vitamin B_2	1,2 mg/1,2–1,5 mg	1,5 mg	1,6 mg
Vitamin B_6	1,2 mg/1,4–1,5 mg	1,9 mg	1,9 mg
Vitamin B_{12}	3 mcg/3 mcg	3,5 mcg	4 mcg
Folsäure	400 mcg/400 mcg	600 mcg	600 mcg
Niacin	13 mg/13–17 mg	15 mg	17 mg
Vitamin C	100 mg/100 mg*)	110 mg	150 mg
Vitamin D	5 mcg/5 mcg	5 mcg	5 mcg
Vitamin E	12 mg/14 mg	13 mg	17 mg
Vitamin K	60–65 mcg/70–80 mcg	60 mcg	60 mcg

*) Raucher: 150 mg

Quelle: Deutsche Gesellschaft für Ernährung: Referenzwerte für die Nährstoffzufuhr, Umschau-Braus Verlagsgesellschaft, Frankfurt a. M. 2000.

Welchen Einfluss haben Rauchen, Alkohol und Diäten auf den Vitaminstatus?

Viele Jahre qualmten die Raucher vor sich hin, bis Medizinern endlich ein Licht aufging. Sie entdeckten bei diesen »Glimmstengel-Konsumenten« einen niedrigen Vitamin C-Spiegel, der durchschnittlich um 40% unter dem von Nichtrauchern lag. Aber den Rauchern fehlt es an noch mehr Vitaminen. In verschiedenen Studien ermittelten Mediziner niedrige Blut- und Gewebespiegel für die Vitamine B_2, B_6, B_{12} und Folsäure.

Auch der regelmäßge Konsum von alkoholischen Getränken verringert die Aufnahme der oben genannten Vitamine. Dazu kommen noch Defizite bei Niacin und Pantothensäure.

Und nun das leidige Thema Diäten: Nur wenige fragen sich, ob die Diät gesund ist. Hauptsache, man verliert die überflüssigen Pfunde innerhalb kurzer Zeit. Wie eine Untersuchung ergab, leiden diese Schlankheitsfanatiker unter einem Mangel an B-Vitaminen, Vitamin E und Folsäure. Dazu kommt noch eine zu geringe Zufuhr an Kalzium, Jod, Magnesium und Eisen.

Schließlich benötigen Menschen, die unter einer schlechten Wundheilung leiden oder zu Entzündungen und Infekten neigen, Vitamin A. Diejenigen, die schwache, brüchige Knochen haben, sollten Vitamin D und Kalzium zuführen.

Welche Erfahrungen haben Sie mit den Vitaminen gemacht, die Radikalenfänger-Eigenschaften haben?

Die freien Sauerstoffradikale spielen praktisch bei allen Erkrankungen, besonders bei chronischen, eine sehr wichtige Rolle. Sie leiten nämlich den Krankheitsprozess ein, unterhalten und verschlimmern ihn. In erster Linie kann man mit den Vitaminen C und E diese Krankheiten abschwächen oder beseitigen. Allerdings sollten die Vitamine in höherer Dosis angewandt werden, wie beispielsweise Acerola Lutschtaler. Das heißt für Vitamin C, das im wässrigen Milieu wirksam ist, es sollten täglich mindestens 1.000 mg eingenommen werden. Personen mit empfindlichem Magen können größere Mengen Vitamin C auch mit Gemüsesaft, Buttermilch oder Joghurt oder durch Salze der Ascorbinsäure (Ascorbate, z.B. Kalziumascorbat-Pulver) einnehmen.

Vitamin E ist im Gegensatz zu Vitamin C im lipophilen (fetthaltigen) Milieu wirksam. Somit ergänzen sich beide Vitamine in ihren Wirkungen gegen freie Radikale. Auch hilft Vitamin C, das verbrauchte Vitamin E wieder herzustellen. Deshalb ist es sinnvoll, beide Vitamine gemeinsam einzusetzen.

Ist es möglich, durch Antioxidantien die Sterblichkeit an Krebs zu senken?

Professor Helmut Bartsch vom Deutschen Krebsforschungszentrum (DKFZ) Heidelberg ist der Ansicht, durch eine Erhöhung des Obst- und Gemüseverzehrs könnte man die Sterblichkeit an Krebs um 30 Prozent senken. Besonders wirkungsvoll sind Vitamine und Carotinoide, die im Körper als Antioxidantien wirken. Der amerikanische Krebsforscher Bruce N. Ames gibt an, dass täglich 10.000 Schäden an der Erbsubstanz (DNA) durch schädliche oxidative Prozesse im Körper auftreten können. Die Antioxidantien wirken diesen Prozessen entgegen.

»Die mangelhafte Zufuhr von Vitamin C, Vitamin A und Riboflavin (Vitamin B_2) ist ein wesentlicher Risikofaktor für die Entstehung von Kopf-Hals-Krebs«, erklärt Professor Hans Maier, Leiter der Hals-Nasen-Ohren-Abteilung des Bundeswehrkrankenhauses Ulm. Durch Befragungen über die Ernährungsgewohnheiten fand der Arzt die Schutzstoffe, die hauptsächlich in Obst, Gemüse, Salaten und Milchprodukten enthalten sind. Ärzte beklagen, dass der Alkohol- und Nikotinmissbrauch oft die positive Wirkung der Vitamine zunichte macht.

Die fettlöslichen Vitamine A, D, E und K können bekanntlich nur in fetthaltigen Speisen gelöst und so resorbiert werden. Das bedeutet demnach, dass man in der Nahrung einen bestimmten Fettanteil haben muss, um die Aufnahme dieser Vitamine zu gewährleisten. Kann eine fettfreie oder extrem fettarme Ernährung hier zu Mängeln führen?

Ja, aber das gilt besonders für den Fall, dass eine Fettresorptionsstörung im Darm vorliegt, weil es eine absolut fettfreie Ernährung kaum gibt. In solchen Fällen finden sich meist Mängel an Vitamin A, Vitamin E und Vitamin D.

Da sich die fettlöslichen Vitamine bei Überdosierungen im Körper anhäufen können, darf man sie bekanntlich nur in einer bestimmten Menge zuführen. Welche Dosisgrenzen gibt es und welche Folgen haben Überdosierungen?

Das ist eine wichtige Frage. Vitamin A, das wegen seiner Bedeutung für das Nachtsehen auch Retinol genannt wird, kann der Organismus aus Beta-Carotin (Provitamin A), dem gelben Farbstoff der Karotte, herstellen. Aus zwei Molekülen Carotin entsteht etwa ein Molekül Vitamin A. Für die Beta-Carotin-Zufuhr gibt es praktisch keine Obergrenze, da hieraus nur bis zu einer bestimmten Menge Vitamin A entstehen kann, der Rest wird ausgeschieden.

Aber das reine Vitamin A sollte nie über eine längere Zeit in einer Dosis von mehr als maximal 10.000 I.E., das ist die Abkürzung für Internationale Einheit, in der die Vitamine häufig auf den Verpackungen angeben sind, eingenommen werden. Sonst können Störungen an Knochen und Nieren entstehen.

Vitamin D darf ebenfalls nicht überdosiert werden, da es sonst zu einer übermäßigen Kalziumanreicherung kommen kann. Vom Vitamin E sind praktisch keine Überdosierungen zu erwarten. Bei der Polyarthritis, dem Gelenkrheuma, werden neuerdings sogar Dosen von 1.000 I.E. mit Erfolg eingesetzt.

Und wie äußert sich ein Mangel an Vitamin A?

Ein Vitamin A-Mangel macht sich in einer verschlechterten Hell-Dunkel-Anpassung der Augen und bestimmten Veränderungen der Haut bemerkbar. Die Haut wird trocken und verhornt. Auch für die Schleimhäute der Atemwege ist Vitamin A wichtig. Das gilt besonders für Raucher und Menschen mit chronischer Bronchitis.

Kürzlich ging eine Schreckensmeldung durch den deutschen Blätterwald. Es wurde behauptet, dass hoch dosiertes Vitamin A für das ungeborene Kind genauso gefährlich sei wie Contergan. Was ist dran an dieser Meldung?

In der Presse wurde der stellvertretende Vorsitzende der Arzneimittelkommission der deutschen Ärzteschaft falsch zitiert. Hier die Richtigstellung: Wie Professor Dr. Dietrich Höffler gegenüber dem Arbeitskreis Ernährungs- und Vitamin-Information e.V. (evi) betont, sollte eine Schwangere keine Retinoide aufnehmen. Retinoide, beispielsweise Retinsäure, sind Vitamin A-Abkömmlinge und werden insbesondere bei schweren Akneformen eingesetzt. Arzneimittel mit Retinsäure sind verschreibungspflichtig und dürfen nur unter ärztlicher Kontrolle angewandt werden.

Multivitaminpräparate mit geringen Vitamin A-Mengen sind jedoch völlig ungefährlich. Etwa 3.000 I.E. Vitamin A sind für den normalen Verlauf einer Schwangerschaft täglich notwendig. Sogar 10.000 I.E. sind nach dem derzeitigen Erkenntnisstand für das Ungeborene unbedenklich. Frei verkäufliche Arzneimittel dürfen höchstens eine Tagesdosis von 5.000 I.E. Vitamin A enthalten. Das entspricht 1,5 mg Vitamin A (Retinol). Präparate mit einer Tagesdosis zwischen 5.000 und 10.000 I.E. sind apothekenpflichtig, das heißt, sie werden nur von einem sachkundigen Apothekenmitarbeiter an den Verbraucher weitergegeben. Oberhalb von 10.000 I.E. Vitamin A besteht Rezeptpflicht, das heißt, derartige Mittel muss der Arzt verschreiben.

Können Vitamine auch Netzhauterkrankungen verhindern?

Besonders Menschen ab 50 Jahre erkranken häufig an einer Schädigung der Augennetzhaut (Makula-Degeneration). Die Makula, auch gelber Fleck genannt, ist die Stelle des schärfsten Sehens. Die Erkrankung beginnt schleichend, deshalb ist eine Früherkennung sehr wichtig. Zunächst kommt es zu Ablagerungen, den Drusen, an und auf der Makula. Diese zerstören Nervenzellen und führen auch zu Durchblutungsstörungen an dieser für das scharfe Sehen wichtigen Stelle. Die Folge ist, dass die Betroffenen einen Gegenstand nur noch unscharf erkennen können, was das Lesen kleiner Schriften und das Erkennen von Gegenständen und Gesichtern erschwert. Beispielsweise erkennen Betroffene eine Uhr, jedoch werden die Zeiger verschwommen gesehen, oder beim Blick auf ein kariertes Muster werden verzogene oder unterbrochene Linien und Kanten gesehen. In Deutschland leiden ein bis zwei Millionen ältere Menschen unter dieser Krankheit, die die häufigste Ursache für Altersblindheit ist. Bei der »feuchten« Form der Makula-Degeneration, das heißt mit einer Wasseransammlung (Ödem) verbundenen, hilft im Frühstadium oft eine Laserbehandlung.

Makula-Degenerationen lassen sich laut einer neuen Studie mit Carotinoiden verhindern. Diese Stoffe haben offenbar eine Schutzfunktion für die Netzhaut. Die besten Ergebnisse wurden mit den Carotinoiden Lutein und Zeaxanthin erzielt. Diese Stoffe finden wir in dunkelgrünen Blattgemüsen wie Spinat, Wirsing, Grünkohl, Petersilie, Brokkoli und grünen Erbsen. Durch die Verabreichung dieser beiden Carotinoide erhöhte sich die Dichte des Makula-Pigments. Dr. Joanne Curran-Celentano, Professorin für Ernährungswissenschaften, empfiehlt den Verzehr von Obst und Gemüsen, die viel Carotinoide enthalten. Denn je mehr von diesen Nahrungsmitteln verzehrt wird, desto geringer ist das Risiko, an einer Makula-Degeneration zu erkranken.

Es gibt bei uns auch ein Präparat, das alle Nährstoffe enthält, die die Netzhaut braucht und schützt. Es heißt »Ortho Vision« und bietet die Chance, dass sich leichtere Formen im Anfangsstadium wieder zurückbilden oder zumindest ein Fortschreiten verhindert wird.

Welche Auswirkungen haben Vitamin B-Mängel?

Neurologische Beschwerden zeigen sich oft dann, wenn Vitamine der B-Gruppe fehlen. Sie bessern sich nach Zufuhr dieser Vitamine. Beim Vitamin B_6 gibt es eine Besonderheit. Es wird in hohen Dosen benötigt, um das Karpaltunnel-Syndrom, eine durch Druck verursachte schmerzhafte Nervenschädigung an der Innenseite des Handgelenks, zu bessern. Dadurch kann die andernfalls notwendige operative Behandlung entfallen.

Ein Mangel an Folsäure, Vitamin B_6 und Vitamin B_{12} ist häufig der Grund für erhöhte Werte an Homocystein, einer Aminosäure. Hohe Homocysteinwerte sind mitverantwortlich für arteriosklerotische Gefäßschäden, die unabhängig von einem erhöhten Cholesterinspiegel auftreten. Durch die Einnahme der erwähnten Vitamine wird der Homocystein-Spiegel gesenkt.

Demnach ist es ja sehr wichtig, auf eine ausreichende Versorgung mit diesen Vitaminen zu achten. Mit welchen Beschwerden ist zu rechnen, wenn Vitamin B_1 (Thiamin) fehlt?

Eine ausgeprägte Avitaminose von Thiamin führt zur Beri-Beri-Krankheit. Sie ist bei unserer Ernährung praktisch nicht mehr zu beobachten. Leichtere Mängel können Müdigkeit, Konzentrationsschwäche, schmerzhafte Mundschleimhaut-Veränderungen, gestörte Sehnenreflexe, Muskelschwäche, Herzmuskelschwäche und eine erhöhte Schmerzempfindlichkeit auslösen. Bei erhöhtem Alkoholkonsum kann eine Thiamin-Unterversorgung beziehungsweise ein erhöhter Bedarf auftreten. Menschen mit chronischen Schmerzzuständen kann durch hoch dosiertes Thiamin geholfen werden. Sehr hohe Dosen von Thiamin schützen vor Mückenstichen, weil dadurch eine für Mücken unangenehme Hautausdünstung entsteht.

Und welche Bedeutung hat Vitamin B_6 (Pyridoxin)?

Es ist Bestandteil wichtiger Enzyme, die an etwa 40 Reaktionen im Stoffwechsel beteiligt sind. Mängel können bei chronischem Alkoholismus, bei einem erhöhten Bedarf in der Schwangerschaft und nach der langfristigen Einnahme von bestimmten Medikamenten, beispielsweise der Antibabypille, auftreten.

Frauen, die unter dem prämenstruellen Syndrom leiden, das beispielsweise mit Brustspannen, schmerzhafter Menstruation und seelischen Verstimmungen verbunden ist, haben meist auch einen erhöhten Bedarf an diesem Vitamin.

Bei welchen Gesundheitsstörungen wird Niacin eingesetzt?

Niacin oder das besser verträgliche Nicotinamid wirkt Cholesterin und Blutdruck senkend. Auch zur Verhütung von Migräne kann es aufgrund seiner gefäßerweiternden Wirkung eingesetzt werden.

Reine Nikotinsäure kann nach der Einnahme einen Flush mit Blutandrang und Hautröte in der oberen Körperregion erzeugen, was harmlos ist, aber als unangenehm empfunden wird. Nicotinamid hat diese Nebenwirkung nicht und wird deshalb meist bevorzugt.

Welchen Einfluss hat Folsäure auf den Gehalt an Homocystein?

Neben anderen Risikofaktoren wie Bluthochdruck, hoher Cholesterinspiegel und Rauchen spielt das Homocystein eine Rolle bei der Entstehung von Herz-Kreislauf-Erkrankungen. Mediziner kamen diesem Risikofaktor wie folgt auf die Spur: Es gibt eine genetisch bedingte Störung des Homocysteinstoffwechsels, bei der Homocysteinurie, eine vermehrte Ausscheidung von Homocystein über den Urin, entsteht. Die drastische Erhöhung der Konzentration an Homocystein hat bereits in frühen Jahren arteriosklerotische Veränderungen bei den Betroffenen zur Folge. Unbehandelt sterben diese Personen noch vor dem 30. Lebensjahr an Herzinfarkt oder Hirnschlag. In vielen Versuchen und umfassenden Studien wurde Homocystein als eigenständiger Risikofaktor der Gefäßverkalkung identifiziert. Mit steigendem Homocysteinspiegel erhöht sich auch das Risiko koronarer Herzkrankheiten wie Herzinfarkt.

Die Aminosäure Homocystein entsteht vermehrt im Körper, wenn beim Abbau des Methionins zum Cystein diese als schädlich geltende

Zwischenstufe (Homocystein) nicht abgebaut wird. Dies ist dann der Fall, wenn die Vitamine Folsäure, Vitamin B_6 und Vitamin B_{12} in zu geringen Mengen vorhanden sind. Durch Zufuhr dieser Vitamine, so ergaben Versuche, ist es möglich, den Homocysteinspiegel zu senken. Der Effekt war mit der Folsäure am größten (41,7-prozentige Absenkung), gefolgt von Vitamin B_{12} (14,8 Prozent) und Vitamin B_6 (4,5 Prozent). Mit einer Kombination aus den drei Vitaminen konnte eine Absenkung des Homocystein-Blutspiegels von 50 Prozent erreicht werden.

Dazu noch eine Studie von Dr. J. Sellhub. Er untersuchte den Vitaminblutspiegel beziehungsweise die Vitaminaufnahme von 1.160 Erwachsenen. Bei den Menschen, die unter einem Folsäuremangel litten, war der Homocysteinspiegel besonders hoch. Gerade Folsäure ist ein Vitamin, das nicht immer ausreichend zugeführt wird. Die durchschnittliche Tageskost eines Deutschen enthält, wie Dr. Helmut Heseker berichtet, nur 195 Mikrogramm Gesamtfolat, das wären nur 65 Prozent der empfohlenen Menge. Man kann den Bedarf an Folsäure aber auch durch Testung feststellen. Ich fand bei diesen Testungen oft heraus, dass zwischen 1 und 3 Tabletten zu jeweils 5 mg zusätzlich zugeführt werden sollten.

Was sind die Ursachen für einen Mangel an Folsäure?

Die häufigsten Ursachen der Minderversorgung sind ein geringer Gemüsekonsum, lange Warmhaltezeiten für Essen (Folsäure ist wärmeempfindlich!), Mangel- und Fehlernährung, Alkoholismus sowie Magen-Darm-Krankheiten.

Welche Nahrungsmittel enthalten dieses Vitamin?

Folsäurereich sind Weizenkeime, Weizenkleie, Sojabohnen, Gemüsearten wie Tomaten, Kohl, Spinat und Hülsenfrüchte, außerdem Bierhefe, Nüsse, Leber, Eier und Käse.

Wie steht es aber mit einem Mangel an Vitamin B_{12}? Kann ein B_{12}-Mangel auch mit einem Eisenmangel kombiniert sein?

Ja. Ein Cobalamin-Mangel ist nicht selten auch mit einem Eisenmangel verbunden. Das weist auf eine bestimmte Form der Blutarmut hin. Beides kann man testen und über die Verabreichung der fehlenden Stoffe auch behandeln. Auch ein Kobalt-Mangel kann auf einen Mangel an

Cobalamin (B_{12}) hinweisen. In diesem Fall treten fast immer Schlappsein, Leistungsschwäche und schnelle Ermüdbarkeit auf. Dieser Zustand lässt sich eindrucksvoll beheben, wenn man eine hoch dosierte Trink-Ampulle mit Cobalamin und Serin gibt. Serin in Verbindung mit Phosphatidyl verbessert übrigens auch die Gehirnleistung!

Inwieweit hilft Vitamin C, eine Trübung der Augenlinse zu verhindern?

Eine amerikanische Studie, an der 120.000 Krankenschwestern teilnahmen, ergab interessante Rückschlüsse auf die Wirkung von Vitamin C gegen die Trübung der Augenlinse (grauer Star, Cataracta senilis). Bei Frauen, die mindestens zehn Jahre etwa 400 mg Vitamin C täglich zu sich genommen hatten, sank das Risiko für eine beginnende Linsentrübung um 77 Prozent, für eine fortgeschrittene sogar um 83 Prozent.

Welchen Einfluss hat Vitamin D auf die Festigkeit von Knochen?

Ein Vitamin D-Mangel im Alter wird oft unterschätzt. Dabei wissen wir, dass ein Vitamin D-Mangel sowohl die Aufnahme des Kalziums aus dem Darm behindert wie auch die Ausschüttung des Parathormons stimuliert. Dieses Hormon entzieht dem Knochen einen wichtigen Baustein, eben das Kalzium. Die Folge ist eine erhöhte Knochenbrüchigkeit. Der Bedarf an Vitamin D_3 davon hängt ab, wie häufig und wie lange die Haut der Sonnenstrahlung ausgesetzt ist, da ein Teil des aktiven Vitamin D_3 durch UV-Licht aus einer Vorstufe in der Haut gebildet werden kann (s. Seite 21).

»Der Organismus braucht täglich 800 I.E. Vitamin D_3 und 1.200 mg Kalzium«, so Professor Dr. Pierre Meunier vom Edouard Herriot Hospital in Lyon. Diese Mengen erwiesen sich in einer Studie, in der 3.270 nicht bettlägerige Heimbewohnerinnen mit einem Durchschnittsalter von 84 Jahren untersucht wurden, als ausreichend. Wichtigstes Ergebnis dieser Studie: Innerhalb von drei Jahren konnte die Zahl der Oberschenkelhalsbrüche um 23 Prozent reduziert werden.

Eine amerikanische Arbeitsgruppe unter Leitung von Dr. Melissa K. Thomas untersuchte 290 Patienten mit einem Durchschnittsalter von 62 Jahren, die wegen einer Erkrankung im Krankenhaus behandelt wurden. Das Ergebnis war erstaunlich: 57 Prozent der Teilnehmer hatte einen Mangel an Vitamin D, 65 dieser Patienten wiesen sogar einen erheblichen Mangel auf. Die Ursachen dürften in der geringen Zufuhr von Vitamin D mit der Nahrung, zu wenig Sonnenlicht in den Wintermonaten und mangelnder Beweglichkeit bzw. längerer Bettlägerigkeit zu suchen sein. Mangel an Vitamin D verursacht nicht nur einen Kalkabbau, sondern auch Muskelschmerzen und Muskelschwäche.

Welche Bedeutung hat Vitamin E für den menschlichen Körper?

Vitamin E (d-alpha-Tocopherol) ist neben dem Vitamin C eines der wichtigsten Vitamine für die Erhaltung der Gesundheit und zur Behandlung von Gesundheitsstörungen, die durch freie Radikale hervorgerufen werden. Beide sind so genannte antioxidative Vitamine.

Wenn Vitamin E eine so wichtige Rolle zur Gesunderhaltung spielt, warum wird eine so niedrige tägliche Aufnahme von anfangs 8 bis 10 mg, die neuerdings in den USA auf 20 mg angehoben wurde und in Deutschland erst bei 12 mg liegt, empfohlen? Wie begründen Sie diese Unterschiede in den Dosis-Empfehlungen?

Hier zeigt sich exemplarisch die unterschiedliche Bewertung des Bedarfs an Nährstoffen durch die Schulmedizin und die auf Professor Linus Pauling zurückgehende Orthomolekularmedizin. Diese setzt die einzelnen Nährstoffe auch dann zur Behandlung und zur Abwehr von Krankheiten ein, wenn sie nicht explizit in Mangelbereichen liegen. Die Schwierigkeit liegt darin, dass man viele Stoffe nicht exakt oder nur schwer bestimmen kann und auch den Nutzen einer gewollten Überdosierung für die Behandlung von Krankheiten nicht beachtet.

Gibt es typische Erkrankungen, bei denen besonders Vitamin E in höherer Dosierung benötigt wird?

Dazu liegen gut dokumentierte Untersuchungen bei Gelenkentzündungen, beispielsweise Polyarthritis, vor. Wenn bei dieser Erkrankung Vitamin E hoch dosiert eingesetzt wird, können so genannte nichtsteroidale Antirheumatika wie Diclofenac oder auch steroidale Entzündungshemmer (Cortisone) eingespart oder ganz abgesetzt werden. Die Vitamin E-Dosierungen liegen zwischen 200 und 400 I.E. oder noch höher bis zu 1.000 I.E. Nebenwirkungen sind auch bei diesen hohen Dosen nicht zu erwarten. Allerdings muss auf die Blutgerinnung geachtet werden; sie kann sich verzögern.

Vitamin F hat eine breite Palette von Einsatzmöglichkeiten, die alle auf seiner Fähigkeit, freie Radikale zu neutralisieren, beruhen. Vitamin E ist also ein äußerst wichtiges Vitamin, das man zum Schutz gegen viele gesundheitliche Gefährdungen und insbesondere auch bei schon bestehenden Erkrankungen einsetzen kann. Indem es giftige Radikale unschädlich macht, hat es eindeutig schützende und heilende Wirkungen. Diese positiven Effekte lassen sich durch die Kombination mit Vitamin C noch verstärken.

Vitamin E ist außerdem in der Lage, die Verbindung von Cholesterin mit Sauerstoff zu verhindern. Gerade diese Verbindung, das oxidierte Cholesterin, ist für die Gefäße besonders schädlich.

Welche Wirkungen hat Vitamin E?

Vitamin E wirkt auf eine Vielzahl von Körperfunktionen:

- Stärkung des Immunsystems
- Schutz vor Arteriosklerose durch Unterbindung der schädlichen Oxidation des Cholesterins
- Verminderung des Risikos, an grauem Star zu erkranken
- Schutz der Gehirnzellen und damit Verminderung des Risikos, an Parkinson und Alzheimer-Demenz zu erkranken
- Schutz vor Krebserkrankungen durch Verhinderung der Oxidation der Erbsubstanz in den Zellkernen (DNA)
- Schutzwirkung gegen Schadstoffe, da Vitamin E die von diesen erzeugten freien Radikalen unschädlich macht

Welchen Einfluss hat Vitamin E auf den Altersdiabetes?

Zur Zeit erkranken sechs Prozent der deutschen Bevölkerung an Diabetes mellitus vom Typ 2, dem Altersdiabetes. Wie Professor Dr. Heinrich Kasper von der Universität Würzburg betont, wird sich in Zukunft die Zahl der Zuckerkranken infolge der steigenden Lebenserwartung weiter erhöhen. Neben einer erblichen Anlage spielt die Ernährung und der Bewegungsmangel eine wichtige Rolle. Als Risikofaktor ist besonders das Übergewicht zu nennen. Daneben gibt es jetzt Hinweise, dass antioxidative Nährstoffe, besonders das Vitamin E, Einfluss auf die Zuckerkrankheit haben, indem sie einmal die Folgen der durch die mangelhafte Verwertung des Zuckers entstandenen krankhaften Stoffwechselprodukte abmildern und zum anderen die Insulin produzierenden Zellen in der Bauchspeicheldrüse vor Radikalenangriffen schützen.

Dass freie Radikale an der Entstehung eines Diabetes mellitus mitbeteiligt sind, wurde in Studien deutlich. Eine niedrige Konzentration von Vitamin E im Blutplasma fand sich um etwa viermal häufiger bei Personen, die während einer Beobachtungszeit von vier Jahren einen Typ-2-Diabetes entwickelten. Auch der Vitamin-C-Spiegel ist bei Diabetikern erniedrigt. Dieser Befund wird als Folge von oxidativem Stress gedeutet. Inwieweit die hoch dosierte Zufuhr der antioxidativ wirkenden Vitamine E und C Spätfolgen der Zuckerkrankheit vorbeugen kann, ist zwar zur Zeit noch nicht mit Sicherheit geklärt, aber anzunehmen, denn die bisherigen Ergebnisse mit hoch dosiertem Vitamin E sind viel versprechend. So bewirkte die Zufuhr von Vitamin E eine Abnahme der Lipidoxidation, eine Verbesserung der Insulinwirkung und eine Verringerung der Zusammenballung der Blutplättchen. Dazu Professor Kasper: »Diese Befunde sprechen dafür, dass neben einer Normalisierung von Körpergewicht, Blutzuckerkonzentration etc. auch durch eine optimierte Zufuhr von antioxidativen Vitaminen den diabetischen Spätschäden vorgebeugt werden kann.«

Welchen Einfluss haben Vitamine auf die Alzheimer-Krankheit?

Zur Zeit gibt es in Deutschland etwa eine Million Alzheimer-Patienten. Über die Ursachen der Krankheit rätseln die Mediziner immer noch. Eine Hypothese besagt, dass freie Radikale und reaktive Sauerstoffprodukte schuld am fortschreitenden Absterben von Nervenzellen seien. Mediziner wiesen inzwischen nach, dass im Gehirn von Alzheimer-Patienten Oxidationsreaktionen verstärkt stattfinden. Ursachen dafür könnten Entzündungen oder Ablagerungen eines unlöslichen Eiweißstoffes (Amyloid-ß-Protein) sein. Diese Eiweißflecken wiesen Forscher in der Großhirnrinde und im limbischen System nach. Das sind Gehirnbereiche, die für das Erinnerungsvermögen und die Wahrnehmung von Bedeutung sind.

Ch. Behl, München, gab auf dem 6. Symposium der Gesellschaft für angewandte Vitaminforschung im Mai 1998 seine Untersuchungen mit Nervenzellkulturen bekannt. Mit diesen Zellen konnte er die Wirkung antioxidativer Vitamine, insbesondere des Alpha-Tocopherols (Vitamin E), nachweisen. Sobald nämlich der oben genannte Eiweißstoff den Zellen hinzugefügt wurde, entstanden freie Radikale, die letztendlich die Zellen zum Absterben brachten. Wurden die Zellen jedoch mit Vitamin E vorbehandelt, konnte nach Zugabe des Eiweißstoffes die Bildung von freien Radikalen unterdrückt werden. Einige weitere Stoffe wie Östrogene, Melatonin oder 21-Aminosteroide zeigten ähnliche Effekte.
Eine Studie aus den USA gibt Hoffnung für diese Kranken. Hoch dosier-

tes Vitamin E konnte bei mittelschwer erkrankten Alzheimer-Patienten das Fortschreiten des Krankheitsprozesses verzögern.

Wie sieht eine optimale Vitaminversorgung aus?

Gute Vitaminquellen sind Obst, Gemüse, Bierhefe, Weizenkeime, Keimlinge, Milch und Milchprodukte, Lebertran, Pflanzenöle, Sojabohnen, Leber, Fleisch und Fisch.

Jeder sollte nach den neuesten Angaben der Deutschen Gesellschaft für Ernährung täglich 400 g Gemüse und 250 bis 300 g »vollwertiges« Obst zu sich nehmen. Das World Cancer Research Fund/American Institute for Cancer Research empfiehlt, mindestens sieben Prozent der Gesamtenergie in Form von Obst und Gemüse zu verzehren. Das sind bei 2.000 kcal 400 g pro Tag.

Von 120 weltweit durchgeführten Studien kamen 80 Prozent zu dem Ergebnis, dass der Verzehr von Obst und Gemüse das Risiko, an Krebs zu erkranken, verringert. Der Effekt war umso größer, je höher der Verzehr von diesen Nahrungsmitteln war. Auch konnte das Herzinfarkt-Risiko durch Gemüse und Obst reduziert werden. Hier spielen nicht nur die Vitamine, sondern insbesondere die sekundären Pflanzenstoffe eine Rolle.

Was können wir tun, um eine optimale Vitaminversorgung zu gewährleisten?

Leider lassen sich diese Empfehlungen – erhöhter Gemüse- und Obstverzehr – nicht immer realisieren. In solchen Fällen sollten Multivitaminpräparate zugeführt werden, um einen vorbeugenden Gesundheitsschutz zu erreichen. »Zweifellos müssen wir davon ausgehen, dass eine gesunde, ausgewogene Ernährung einschließlich entsprechender Maßnahmen im individuellen Lebensstil (Körperbewegung, Nichtraucher) den besten Weg zu einer sinnvollen Gesundheitsvorsorge darstellt. Da aber ein solcher Lebensstil in vielen Fällen nur bedingt konsequent durchgehalten werden kann, scheinen Vitamin-Supplemente durchaus ihren Stellenwert bei der Kompensation einer zeitweise unzureichenden Zufuhr zu leisten«, meinte Professor Biesalski auf einer Tagung des Arbeitskreises Ernährungs- und Vitamin-Information in Lübeck. Des Weiteren bemerkte der Redner, dass eine Vitaminzufuhr keineswegs einen ungesunden Lebensstil kompensiere. Die Vitamine können jedoch eine unzureichende Bedarfsdeckung des Einzelnen verbessern.

Können Sie uns noch einmal einen Überblick über die Funktion und das Vorkommen von Vitaminen geben?

Sicher, sehen Sie sich die folgende Tabelle an:

Vitamin	Funktion	Vorkommen
Vitamin A	Wachstum; Erhaltung des Sehvermögens; wichtig für die Fortpflanzung; Schutz von Haut und Schleimhaut; Beteiligung am Eiweiß-, Fett- und Kohlenhydratstoffwechsel	Lebertran, Leber, Eigelb, Leberwurst, Fische, Käse, Butter Provitamin A (Carotin) in Petersilie, Grünkohl, Spinat, getrockneten Aprikosen, Salaten, Löwenzahnblättern, Kresse, Keimen, Lauch, Brokkoli
Vitamin B_1	Beteiligung am Enzymaufbau; unentbehrlich für den Kohlenhydratstoffwechsel; wichtig für das Nervensystem und den Herzmuskel	Hefe, Weizenkeime, Sonnenblumensamen, Pinienkerne, Nüsse, Kleie, Getreide, Vollkornbrot, Hülsenfrüchte, Fleisch, Innereien
Vitamin B_2	Bestandteil von Enzymen; wichtig für die Energiegewinnung, den Sehprozess und die Haut; Aufbau des roten Blutfarbstoffes; Förderung des Wachstums	Hefe, Weizenkeime, Nüsse, Kleie, Hülsenfrüchte, Gemüse, Leber, Niere, Herz, Leberwurst, Käse, Milch, Fleisch
Vitamin B_6	Enzymbestandteil; wichtig für das Wachstum, den Aminosäurestoffwechsel und das Nervensystem; Beteiligung an der Bildung der Haut, der Antikörper und des Blutes	Hefe, Weizenkeime, Weizenkleie, Sojabohnen, Getreide, Nüsse, Hülsenfrüchte, Bananen, Paprikafrüchte, Salate, Kartoffeln, Fische, Innereien, Molkepulver, Milch, Käse, Hühnerei
Vitamin B_{12}	Aufbau von roten Blutkörperchen, Nervenhüllen und Eiweißstoffen; Übertragung von Folsäure in ihre Wirkform	Niere, Herz, Fisch, Fleisch, Ei, Käse, Bierhefe und Weizenkeime (entsteht beim Fermentationsprozess)

Vitamin	Funktion	Vorkommen
Niacin	Enzymbestandteil; Beteiligung am Aminosäure-, Kohlenhydrat-, Fett- und Energiestoffwechsel; wichtig für das Immunsystem, die Eliminierung von Giftstoffen und den Leberstoffwechsel	Hefe, Kleie, Reis (unpoliert), Getreide, Samen, Nüsse, Gemüse, Hülsenfrüchte, Datteln, Haferflocken, Leber, Fleisch, Niere, Hirn, Leberwurst, Austern, Käse, Milch, Ei
Pantothensäure	Abbau von Fetten, Kohlenhydraten und Aminosäuren (in Form der aktiven Form der Pantothensäure, dem Coenzym A); wichtig für Haut und Haare; Schutz der Schleimhäute vor Infektionen	Hefe, Nüsse, Kleie, Hülsenfrüchte, Getreide, Kohl, Weizenkeime, Molkepulver, Hering, Leber, Niere, Herz, Hirn, Käse, Milch
Biotin	Wichig als Coenzym für den Traubenzucker-, Fett- und Eiweißstoffwechsel; notwendig für den Aufbau von Haut, Haaren und Nägeln	Sojabohnen, Kleie, Nüsse, Haferflocken, Hafer, Hülsenfrüchte, Reis (unpoliert), Weizenkeime, Niere, Leber, Ei, Austern, Milch, Käse
Folsäure	Wichtig für die Blutbildung; Förderung der Zellteilung und damit der Zellneubildung; Aufbau der Nukleinsäuren und Phospholipide des Nervengewebes; Beteiligung an der Hormonbildung; Verhinderung schädlicher Homocysteinbildung	Weizenkeime, Kleie, Sojabohnen, Hülsenfrüchte, Hefe, Gemüse, Kohl, Nüsse, Getreide, Vollkornprodukte, Leber, Ei, Käse, Fisch, Vollmilch
Vitamin C	Stärkung des Immunsystems; Beteiligung am Bindegewebsstoffwechsel und an der Kollagenfaserbildung; wichtig für die Wundheilung; Förderung der Eisenaufnahme; biologischer Entgiftungsfaktor; besitzt Radikalenfänger-Eigenschaften	Acerola, Hagebutte, Sanddornbeere, Korinthen, Johannisbeeren, Kiwi, Paprikafrüchte, Petersilie, Brokkoli, Grünkohl, Meerrettich, Zitronen, Erdbeeren, Spinat, Grapefruit, Orangen, Kartoffeln, Salate, Tomaten, Innereien

Vitamin	Funktion	Vorkommen
Vitamin D	Förderung der Aufnahme von Kalzium und Phosphor; Vermittlung der Mobilisation von Kalzium aus den Knochen; wichtig für Knochen- und Knorpelbildung	Lebertran, Fisch, Eidotter, Fleisch, Leber
Vitamin E	Schutz der Bausteine der Zellmembran vor Zerstörung durch freie Radikale; Sauerstoff sparende Wirkung im Zellstoffwechsel; Unterstützung der Entgiftungsfunktion der Leber; Steigerung der Hautdurchblutung; Schutz vor Arteriosklerose	Weizenkeimöl plus (1.000 mg Vitamin E-Komplex je 100 g Öl), Weizenkeimöl (bis 250 mg je 100 g Öl), andere Öle, Nüsse, Weizenkeime
Vitamin K	Wichtig für die Blutgerinnung	Kohl, Gemüse, Hülsenfrüchte, grüne Bohnen, Salate, Sojabohnen, Brokkoli, Möhren, Getreide, Hühnerleber, Hühnerfleisch

Anmerkung: Vitamine und Mineralstoffe in Algen

Die gesundheitliche Wirkung von Algen ist in China und Japan schon sehr lange bekannt. Wie Mireille Guillou, die führende Algenexpertin betont, gibt es kaum ein Nahrungsmittel, das so viele Nährstoffe enthält wie die Algen.

So wurde beispielsweise in der würzigen roten Meeresalge Dulse und den als Umhüllung für Sushi-Häppchen verwendeten Nori-Algen anderthalbmal soviel Vitamin C festgestellt wir in Orangen. Des weiteren beinhalten Algen Vitamin B_1, Vitamin B_2, Vitamin B_6, Vitamin E, Niacin, Beta-Carotin, Xanthophyll, Chlorophyll, Phytohormone (Gibberilline), Kohlenhydrate (Alginsäure, Carrageen, Gelose, Zellulose, Fukosane, Mannitol). Algen sind auch gute Quellen für Eisen, Jod, Kalium, Kalzium, Magnesium, Mangan, Selen und Zink.

Da in dem Meeresgemüse alle essentiellen Aminosäuren in optimaler Zusammensetzung vorhanden sind, gilt dieses als ein genauso hochwertiger Eiweißlieferant wie tierische Nahrung.

Aminosäuren

Was sind Aminosäuren?

Chemisch betrachtet sind Aminosäuren Verbindungen, bei denen sich um ein zentrales Kohlenstoffatom verschiedene chemische Gruppen anordnen. Neben einer Aminogruppe enthalten Aminosäuren eine oder mehrere Säure- beziehungsweise Carboxylgruppen. Deshalb nennt man sie organische Säuren oder Carbonsäuren.

Welche Aufgaben haben sie im Stoffwechsel?

Aminosäuren sind die Grundbausteine aller Eiweiße im Körper und somit außerordentlich wichtig für Menschen und Tiere. Ohne Aminosäuren kann der Körper viele wichtige Funktionen nicht leisten. Dann entstehen so genannte Eiweißmangelkrankheiten. In den ersten Hungerjahren nach dem Krieg litten viele Menschen, besonders in der Gefangenschaft, unter Hungerödemen als Folge eines Eiweißmangels. Hungerödeme zeigen auch heute noch die schrecklichen Bilder von Kindern mit dicken, aufgedunsenen Bäuchen aus Gebieten, in denen Hungersnöte herrschen. Schwächezustände und Infektanfälligkeit gehen mit einem Eiweißmangel einher, weshalb beispielsweise Tuberkulose sehr häufig vorkommt und auch die Kindersterblichkeit hoch ist. Bei Kleinkindern ist der Bedarf an Aminosäuren besonders hoch. Ältere und kranke Menschen leiden besonders häufig unter einem Mangel an Aminosäuren.

Aus Aminosäuren werden noch weitere sehr wichtige Stoffe gebildet, nämlich L-Carnitin, Kreatin und die schwefelhaltigen Verbindungen Glutathion und Taurin.

Und welche Aminosäuren gibt es?

Es gibt insgesamt 23 verschiedene Aminosäuren und drei Aminosäure-Derivate, die ebenfalls sehr wichtig sind. Unterschieden werden essentielle, semi-essentielle und nicht essentielle Aminosäuren. Zu den essentiellen Aminosäuren gehören Isoleucin, Leucin, Lysin, Methionin, Phenylalanin, Threonin, Tryptophan und Valin. Arginin und Histidin sind semi-essentielle Aminosäuren. Nicht essentielle Aminosäuren sind Alanin, Asparaginsäure (Asparagin), Citrullin, Cystein, Cystin, Glutaminsäure (Glutamin), Glycin, Ornithin, Prolin, Serin und Tyrosin.

Müssen alle Aminosäuren über die Nahrung zugeführt werden oder kann der Organismus auch selbst welche herstellen?

Essentielle Aminosäuren sind solche, die der Körper nicht selbst herstellen kann und die ihm deshalb von außen mit der Nahrung zugeführt werden müssen. Semi-essentielle Aminosäuren kann der Körper zwar selbst herstellen, aber im Säuglingsalter reichen die Mengen nicht aus, um den Bedarf zu decken. Aminosäuren, die der Organismus selbst herstellen kann, nennt man nicht essentielle Aminosäuren.

Wie viel Eiweiß benötigt der Mensch täglich?

Der Tagesbedarf an Eiweiß ist abhängig vom Lebensalter. Richtwerte zeigt die folgende Tabelle:

	Alter	**g Protein/Tag Männer/ Frauen**
Säuglinge	bis 1 Monat	12 g/12 g
	1 bis unter 12 Monate	10 g/10 g
Kinder	1 bis unter 4 Jahre	14 g/13 g
	4 bis unter 7 Jahre	18 g/17 g
	7 bis unter 10 Jahre	24 g/24 g
	10 bis unter 13 Jahre	34 g/35 g
	13 bis unter 15 Jahre	46 g/45 g
Jugendliche	15 bis unter 19 Jahre	60 g/46 g
Erwachsene	19 bis unter 65 Jahre	58–59 g/46–48 g
	65 Jahre und älter	54 g/44 g
Schwangere ab 4. Monat		58 g
Stillende		63 g

Quelle: Deutsche Gesellschaft für Ernährung: Referenzwerte für die Nährstoffzufuhr, Umschau-Braus Verlagsgesellschaft, Frankfurt a. M. 2000.

Aus welchen Nahrungsmitteln beziehen wir hauptsächlich Eiweiße?

Die Hauptquelle für Aminosäuren ist tierisches Eiweiß, also Fleisch und Fleischprodukte. Schwierig ist es für Veganer, die Fleisch und

Fleischprodukte, Milch, Milchprodukte und Eier ablehnen, die erforderlichen Menge an Aminosäuren aufzunehmen. Aber auch pflanzliche Nahrungsmittel enthalten Aminosäuren, jedoch in geringerer Menge. Gute Eiweißquellen für Vegetarier (Lactovegetarier, Ovo-Lacto-Vegetarier) sind Milch, Milchprodukte und Eier.

Wer allerdings genügend tierisches Eiweiß verzehrt, wird unter normalen Bedingungen kaum unter einem Eiweißmangel leiden, außer der Körper hat unter besonderen Bedingungen einen deutlich erhöhten Bedarf an einer bestimmten Aminosäure, worauf später noch eingegangen wird.

Und wie hoch ist der Bedarf an Aminosäuren?

Auch der Tagesbedarf an essentiellen Aminosäuren richtet sich nach dem Lebensalter, aber auch nach dem Geschlecht und dem Gewicht. In der Tabelle ist der Bedarf deshalb in mg pro kg Körpergewicht pro Tag angegeben und als Beispiel die Menge für einen 80 kg schweren Mann und eine 60 kg schwere Frau.

Aminosäure	Männer (in mg/kg Körpergewicht)	80 kg schwerer Mann	Frauen (in mg/kg Körpergewicht)	60 kg schwere Frau
Cystin	11–14 mg	880–1120 mg	13 mg	780 mg
Isoleucin	10–11 mg	800– 880 mg	10 mg	600 mg
Leucin	11–14 mg	880–1120 mg	13 mg	780 mg
Lysin	9–12 mg	720– 960 mg	10 mg	600 mg
Methionin	11–14 mg	880–1120 mg	13 mg	780 mg
Phenylalanin	14 mg	1120 mg	13 mg	780 mg
Threonin	6 mg	480 mg	7 mg	420 mg
Tryptophan	3 mg	240 mg	3 mg	180 mg
Tyrosin	14 mg	1120 mg	13 mg	780 mg
Valin	14 mg	1120 mg	11 mg	660 mg

Quelle: Die Empfehlungen stammen von verschiedenen Autoren (Munro, Rose, Inoue und Hegsted); zitiert in dem Buch *Bausteine des Lebens* von Felicitas Reglin, Ralf Reglin Verlag, Köln 1999.

In welchen Nahrungsmitteln sind Aminosäuren enthalten?

Die folgende Tabelle zeigt, in welchen Nahrungsmitteln essentielle und semi-essentielle Aminosäuren enthalten sind. Angegeben ist der Aminosäuregehalt in mg pro 100 g Lebensmittel.

Nahrungsmittel	Arginin	Histidin	Isoleucin	Leucin	Lysin	Methionin	Phenylalanin	Threonin	Tryptophan	Valin
Vollmilch	120	90	210	350	260	85	170	150	45	230
Buttermilch	170	100	220	350	290	85	190	170	40	260
Käse	580–1620	380–1310	700–1660	1290–3040	1050–2940	340–800	590–1660	540–1420	150–430	730–2120
Hühnerei	890	330	930	1260	890	450	800	710	230	1120
Joghurt	140	100	240	410	310	100	210	170	45	300
Fleisch	1170–1510	520–920	1100–1230	1470–1910	1740–2270	470–660	720–1040	810–1140	160–295	950–1300
Fisch	1180–1400	520–1090	990–1270	1600–2170	1730–2050	530–700	730–1050	910–1080	190–300	1090–1420
Haferflocken	870	300	610	1130	500	240	780	530	190	810
Hirse	370	190	550	1350	280	250	460	420	180	610
Reis, poliert/unpoliert	570/600	170/190	340	660/690	290/300	170	390/420	280/330	90	490/500
Vollkornbrot	360–410	150–220	310–320	530	200–320	100–140	360–370	240–270	60–100	360–400
Kartoffeln	120	40	100	140	130	30	100	90	30	130
Hülsenfrüchte, getrocknete Samen	1490–3710	700–1060	1190–1880	2100–3200	1870–2930	220–450	1400–1870	1120–1640	230–350	1390–2010
Sojabohne	2360	830	1780	2840	1900	580	1970	1490	450	1760
Weizenkeime	2310	840	1320	2170	1900	560	1180	1550	330	1680
Nüsse	2090–3460	360–710	670–1230	1140–2030	440–1100	220–310	660–1540	540–850	170–320	770–1450
Grünkohl	300	100	140	250	240	50	140	130	65	230
Blumenkohl	110	50	110	170	140	50	75	110	35	150
Brokkoli	190	65	130	160	150	50	120	120	35	170
Spinat	130	55	120	190	160	45	110	110	40	140
Sesamsamen	2200	490	930	1540	640	640	1250	910	290	1110

Quelle: Der kleine »Souci-Fachmann-Kraut«, Lebensmitteltabelle für die Praxis, Wissenschaftliche Verlagsgesellschaft, Stuttgart 1991.

Welche speziellen Aufgaben haben die Aminosäuren als Eiweißbausteine?

Sie sind einmal als so genannte Strukturproteine die Grundsubstanzen für die Bildung von bestimmten Baustoffen des Körpers wie Kollagen und Elastin (Gerüsteiweiße des Bindegewebes), Keratin (Hornstoff) und Myosin (Muskeleiweiß), ferner bedeutsam für die Bildung der wichtigen Enzyme, die alle Stoffumsätze im Organismus in Gang setzen. Darüber hinaus sind sie für die Blutgerinnung und die Immunabwehr wichtig, da sie die Gerinnungsfaktoren und die Immunglobuline als Antikörper bilden. Auch werden sie benötigt, um Hormone herzustellen. Die Aminosäuren sind also am Aufbau von vielen wichtigen Stoffen und an Stoffwechselprozessen beteiligt, ohne die unser Leben nicht existieren kann.

Gibt es Krankheiten, die durch einen Mangel an bestimmten Aminosäuren ausgelöst werden, und können sie durch die Zufuhr der fehlenden Aminosäuren behandelt werden?

Ja, es gibt Krankheiten, die durch einen Mangel an Aminosäuren verursacht werden. Es kann nützlich sein, bei bestimmten Erkrankungen des Nervensystems, wie Demenz, Merkschwäche, Parkinson-Erkrankung, Depressionen, Schlafstörungen, Angstzustände und Kopfschmerzen, bestimmte Aminosäuren für die Behandlung einzusetzen. So wird beispielsweise Glutaminsäure zur Steigerung des Lernvermögens und der Gedächtnisleistung und Tryptophan bei Schlaflosigkeit sowie psychovegetativer Labilität verordnet.

Bestimmte Stoffwechselerkrankungen, wie beispielsweise die Zuckerkrankheit oder Übergewicht, lassen sich durch Aminosäuren verbessern. Auch bei der Steigerung der sportlichen Leistungsfähigkeit kann man mit Aminosäuren Erfolge erzielen. Herz-Kreislauf-Erkrankungen und Abwehrschwäche mit Infektanfälligkeit lassen sich ebenfalls mit Aminosäuren günstig beeinflussen.

Es gibt also eine Reihe von Einsatzmöglichkeiten für Aminosäuren zur Vorbeugung und Verbesserung von Leistungsschwächen und Krankheiten, die hier nicht alle erwähnt werden können. Insgesamt erfordert eine solche spezielle Therapie vom Behandler vor allem auch Kenntnisse über biochemische Zusammenhänge, um über den Einsatz der richtigen Aminosäuren Erfolge zu erzielen.

Es gibt allerdings einen Ausweg aus diesen Schwierigkeiten, indem man zunächst einmal Präparate mit Mischungen der wichtigsten Aminosäuren verordnet. Das sind beispielsweise »Amino plus«-Kapseln oder das amerikanische Präparat »Amino 75«.

Welche Funktionen und Wirkungen haben Aminosäuren?

Jede Aminosäure hat spezielle Aufgaben, die im Überblick in der folgenden Tabelle dargestellt sind:

Aminosäure	Funktionen/Wirkungen
DL-Methionin	Vorstufe von Cystein; wichtig für die Bildung von Coenzym A und Zellmembran-Phospholipiden; besonders wichtig für den Nervenstoffwechsel; entfaltet eine darmschützende Wirkung; bewährt bei urologischen Erkrankungen (zur Harnansäuerung, Hemmung des mikrobiellen Wachstums). Methionin in Form des Adenosylmethionins reduziert entzündliche Gelenkerscheinungen, kann den Rheumaschmerz direkt beeinflussen.
DL-Phenylalanin	Wichtig für die Herstellung der Hormone Adrenalin, Noradrenalin und Thyroxin; unterstützt die Schmerzunterdrückung, fördert die geistige Wachheit und wirkt antidepressiv, Appetit mindernd und unterdrückt das Verlangen nach Alkohol.
Glutaminsäure (Glutamin)	Schützt den Darm und stärkt das Immunsystem; hat einen positiven Einfluss auf Lernen und Gedächtnis und wird zur Steigerung der Konzentrations- und Leistungsfähigkeit verwendet.
L-Arginin	Arginin und Cystein sind Gefäßschutzfaktoren; Arginin ist Vorstufe des Botenstoffs Stickstoffmonoxid, das zu einer Gefäßerweiterung und Hemmung der Blutplättchenzusammenballung führt; wirkt blutdrucksenkend und durchblutungsfördernd und wird deshalb bei Herz-Kreislauf-Erkrankungen gegeben; senkt außerdem den Gesamtcholesterin- und LDL-Spiegel; unterdrückt weitgehend die Bildung arteriosklerotischer Gefäßveränderungen; wirkt immunstärkend und krebsfeindlich; fördert den Muskelaufbau und die Fettverbrennung; schützt die Leber vor schädlichen Substanzen und wirkt entgiftend. Kann allerdings bei Anfälligen eine Herpes-Infektion fördern.

Aminosäure	Funktionen/Wirkungen
L-Cystein	Schützt die Leber vor giftigen Belastungen; wichtig für die Herstellung von Glutathion, das u.a. Krebs erregende Stoffe entgiftet und gegen freie Radikale wirkt. Diabetiker sollten cysteinreiche Eiweißstoffe zuführen. Cystein ist auch ein Gefäßschutzfaktor und kann Radioaktivität abbauen.
L-Glycin	Wichtig für den Gallensäure-Stoffwechsel; Glycin und Glutaminsäure sind Bestandteile des Glucose-Toleranzfaktors, der die Wirkung von Insulin verstärkt und optimiert. Glycin und Methionin sind Ausgangsstoffe für Acetylcholin, ein Stoff zur Übertragung der Nervenimpulse.
L-Histidin	Beeinflusst die Magensäure; wirkt gegen Entzündungen und wird u.a. bei rheumatischen Erkrankungen verordnet.
L-Isoleucin, L-Leucin, L-Valin	Bei chronisch-entzündlichen Erkrankungen ist der Bedarf an diesen Aminosäuren erhöht; Sportler haben einen vermehrten Bedarf an L-Leucin. L-Valin ist wichtig für die Wiederherstellung der Körperkräfte.
L-Lysin	Baustein des Fasereiweißes Kollagen; Hauptbestandteil der Gefäßwand; hat Einfluss auf Blutfette; stabilisiert Gefäßwand, erhöht die Leistungsfähigkeit des Herzens und schützt möglicherweise vor Arteriosklerose; schützt den Organismus, im Gegensatz zu L-Arginin, vor Herpes-Infektionen; fördert den Muskelaufbau.
L-Tryptophan und L-Tyrosin	Wichtig für die Herstellung von Serotonin (Überträgerstoff des Nervensystems) und Melatonin (Regulation des Wach-Schlaf-Rhythmus); zusammen mit Tyrosin Einfluss auf das Gefäßsystem; Senkung erhöhter Blutdruckwerte (Tyrosin, Tryptophan und Vitamin B_6). Tryptophan fördert das Schlafbedürfnis, vermindert depressive Verstimmungszustände, wirkt Appetit mindernd und reduziert das Verlangen nach Alkohol. L-Tyrosin wirkt stabilisierend auf die Psyche und schützt vor schädlichem Stress; wirkt auch antidepressiv und hilft beim prämenstruellen Syndrom.
L-Threonin	Wichtig für das Wachstum. Mangel an L-Threonin äußert sich in Appetitlosigkeit, Gewichtsverlust, Fettleber, verminderter Knochenentwicklung.

Glutathion, L-Carnitin und Taurin

In den letzten Jahren traten einige Folgeprodukte von Aminosäuren in den Blickpunkt. Es handelt sich insbesondere um das Glutathion, ein Tripeptid, bestehend aus Cystein, Glycin und Glutaminsäure. Dann um L-Carnitin, das aus Methionin und Lysin produziert wird, und um Taurin, welches ein Stoffwechselprodukt der Aminosäure Cystein ist.

Welche Wirkung entfaltet Glutathion?

Es ist insbesondere antioxidativ wirksam. Glutathion entgiftet unter anderem Krebs auslösende Stoffe, wie beispielsweise das Schimmelpilzgift Aflatoxin. Es wirkt auch gegen freie Radikale. Glutathion ist wichtig für die Erhaltung einer normalen Darmschleimhaut.

Die Glutathion-Peroxidase enthält neben reduziertem L-Glutathion auch das sehr wichtige Spurenelement Selen und wird bei Krebserkrankungen verordnet.

Wird Glutathion auch therapeutisch eingesetzt?

Hier stehen die Forschungen erst am Anfang. Was wir jedoch schon wissen ist, dass ältere Menschen, die höhere Glutathion-Blutspiegel haben, eine bessere Gedächtnisleistung und kürzere Erholungszeiten nach Krankheiten aufweisen. Im Tierexperiment wurde nach Gaben von Cystein und Glutathion eine Verlängerung der Lebensspanne erreicht.

Bei diabetischer Katarakt (grauer Star) wurde ein niedriger Gehalt an Glutathion in der Augenlinse ermittelt. Im Tierexperiment verhinderte eine Verabreichung von Glutathion den grauen Star und Nervenschädigungen bei der Zuckerkrankheit.

Welche Bedeutung hat L-Carnitin für den Organismus?

L-Carnitin ist notwendig, um Fettsäuren in die Mitochondrien der Zellen einzuschleusen, die dort der Energieproduktion zur Verfügung stehen. Während Glucose (Traubenzucker) nur relativ kurzfristig Energie liefert, werden die Fettsäuren benötigt, um Energie für längerfristige Leistungen (Ausdauerleistung) zu gewährleisten.

L-Carnitin beziehungsweise Acetyl-L-Carnitin entfaltet auch eine Bremswirkung auf Alterungsvorgänge, wirkt auf das Herz und das Nervensystem und aktiviert das Immunsystem.

Gibt es auch einen L-Carnitin-Mangel und wie äußert er sich?

Ja, den gibt es. Normalerweise kann der gesunde Mensch in den Nieren und der Leber das L-Carnitin selbst herstellen. Es gibt jedoch Kinder mit angeborenem L-Carnitin-Mangel.

Der angeborene L-Carnitin-Mangel zeigt sich in Muskelschwäche und Fettanreicherung in den Muskeln. Die Lebenserwartung ist kurz. Durch die Einnahme von L-Carnitin konnten die Kranken ein normales Leben führen.

Wo befindet sich die Hauptmenge an L-Carnitin im Organismus, und welche Nahrungsmittel enthalten L-Carnitin?

Jeder gesunde Erwachsene hat einen Bestand von 20 g L-Carnitin. Davon befinden sich 95 Prozent in der Muskulatur.

Wir führen mit der Nahrung L-Carnitin zu. Fleischkost bringt täglich 30 bis 200 mg, vegetarische Kost aber nur 0,2 bis 2 mg L-Carnitin.

L-Carnitin erlebte in Sportlerkreisen einen Boom, da dieser Stoff die Leistung und Ausdauer steigern und die Herzfunktion verbessern soll. Was ist dran an diesen Empfehlungen?

Die Überlegung der Sportmediziner war folgende: Man könnte doch durch ausreichende L-Carnitin-Zufuhr (täglich 500 bis 1.000 mg) die Energiegewinnung aus langkettigen Fettsäuren ankurbeln und dadurch besonders bei Ausdauersportarten eine Leistungssteigerung erreichen. Etliche Untersuchungen in den USA ergaben tatsächlich, dass nach der Einnahme von L-Carnitin eine Leistungssteigerung, Steigerung der Ausdauer, Erhöhung der Sauerstoffaufnahme und Verbesserung der Herzfunktion erreicht wurde.

Die Befürworter der L-Carnitin-Ergänzung weisen darauf hin, dass bei sportlichen Anstrengungen trotz erheblicher Verluste von L-Carnitin über den Urin der L-Carnitin-Spiegel aufrechterhalten bleibt und demzufolge auch die positiven Wirkungen längere Zeit anhalten. Es gibt übrigens auch Sportler, die eine verminderte Biosynthese von L-Carnitin in den Zellen haben. Diese Sportler bemerken dann nach einer L-Carnitin-Einahme im besonderen Maße eine Leistungssteigerung.

Für Leistungssportler gibt es L-Carnitin-Präparate mit 200 bis 500 mg pro Tablette oder Kapsel zur Leistungsverbesserung. Sie werden aber auch als Herzschutz nach Infarkten eingesetzt.

Welche Rolle spielt L-Carnitin beim Diabetiker?

Zuckerkranke haben meist niedrige L-Carnitin-Werte im Blut. Experimente mit Tieren zeigten, dass die Gabe von L-Carnitin eine Verbesserung der Herzleistung sowie eine Senkung der Glucose-, Triglycerid- und Ketonwerte im Serum nach sich zog. Bei Menschen mit nicht insulinabhängigem Diabetes konnte durch die Gabe von L-Carnitin eine Verminderung der Insulinresistenz erreicht werden.

Welche Wirkungen werden dem Taurin zugeschrieben?

Taurin ist wichtig für die normale Gehirnentwicklung und stabilisiert die Nervenzellmembranen. Es ist auch antioxidativ wirksam. Im Tierversuch konnten durch Ozon ausgelöste Lungenschädigungen unter Taurinzufuhr verhindert werden. Es wirkt sich auch positiv auf das Herz und die Gefäße aus. Nach Taurin-Verabreichung wurde die Tendenz zur Zusammenballung von Blutplättchen und damit eine gesteigerte Blutgerinnung normalisiert.

Hat Taurin auch eine therapeutische Bedeutung?

In der Orthomolekularmedizin wird Taurin zur Reduzierung von epileptischen Anfällen gebraucht. Eine Tauringabe wird auch zur Erhöhung der Gedächtnisleistung empfohlen. Taurin, Cholin und L-Carnitin dürften sicherlich in Zukunft vermehrt bei verminderter Gedächtnisleistung, wie dies beispielsweise bei Demenz und der Alzheimer-Krankheit der Fall ist, an Bedeutung gewinnen. Auch der Diabetiker profitiert von einer Taurin-Gabe. Im Tierversuch wurden nach der Verabreichung von Taurin ein Gefäßschutz und positive Einflüsse auf Nervenschädigungen (diabetische Neuropathie) nachgewiesen.

Enzyme

Was sind Enzyme?

Enzyme sind wichtige »Zündstoffe« oder Biokatalysatoren des Organismus. Katalysatoren sind Substanzen, die, ohne selbst verändert zu werden, Reaktionen beschleunigen. Enzyme bestehen aus einem Eiweißkörper (Apoenzym) und aus einer Wirkgruppe (Coenzym). Als Coenzyme fungieren beispielsweise Mineralstoffe, Spurenelemente und Vitamine.

Wie viele Enzyme gibt es im Organismus, und welche Aufgabe fällt ihnen zu?

Der Organismus produziert in jeder Stunde eine Million Zellen, und in jeder dieser Zellen kommen Enzyme vor. In unserem Organismus gibt es etwa 20.000 verschiedene Enzyme, etwa 2.500 hat man inzwischen identifiziert. Jedes Enzym hat eine besondere Aufgabe im Stoffwechsel zu erfüllen. Besonders enzymreich sind die stoffwechselaktiven Organe wie Leber, Bauchspeicheldrüse und Niere. Diese Organe geben einen Teil ihrer Enzyme an das Blut oder in den Verdauungstrakt ab.

Ohne die Tätigkeit von Enzymen wäre ein Leben nicht denkbar. Fast alle Aufbau-, Abbau- und Umbauvorgänge in Pflanzen, Tieren und Menschen schreibt man den Enzymen zu. Enzyme aktivieren große Fresszellen (Makrophagen), die die täglich anfallenden Millionen abgestorbener, kranker und fehlentwickelter Zellen, Stoffwechselprodukte, Umweltgifte und Fremdkörper eliminieren. Enzyme sind beteiligt an der Muskelkontraktion, Nervenreizleitung, Atmung und Blutgerinnung. Auch bei der Hautbräunung spielen sie eine Rolle.

Welche Enzyme spielen bei Verdauungsvorgängen eine Rolle?

Die Enzyme des Verdauungstraktes zerlegen die Nahrungsstoffe in kleinere Teilstücke. Wenn man beispielsweise Brot lange kaut, bekommt es einen süßen Geschmack. Die im Speichel befindliche Amylase spaltet die Getreidestärke zu einfachen Zuckern. Stärke ist in Wasser praktisch unlöslich und könnte von der Darmschleimhaut nicht aufgenommen werden. Zucker dagegen ist wasserlöslich und gut resorbierbar.

Die Enzyme sind unglaublich leistungsfähig. So genügt ein Amylase-Molekül, um 50.000 Stärkemoleküle pro Minute zu Zuckermolekülen abzubauen. Die Amylasen können natürlich nicht alles. Sie zerlegen keine Fette oder Eiweißverbindungen. Dafür sind wiederum andere Enzyme notwendig. Im Magen wird das Pepsin, das die Eiweißverdauung einleitet, produziert. Im Dünndarm kommen dann die enzymreichen Absonderungen der Bauchspeicheldrüse und der Galle hinzu. Diese Enzyme spalten Eiweiß, Fett und Zucker.

Können Sie die wichtigsten Enzyme nennen?

Hier ist eine Aufstellung der Eiweiß, Fett und Kohlenhydrat spaltenden Enzyme:

- **Proteasen oder Proteinasen:** Dies sind Eiweiß spaltende Enzyme. Sie können stündlich bis zu 300 g Eiweiß abbauen. Beispiele sind Pepsin, Kathepsin, Trypsin, Chymotrypsin und Papain.
- **Amylasen:** Sie sind Kohlenhydrat abspaltende oder amylolytische Enzyme und können pro Stunde bis zu 300 g Kohlenhydrate aufspalten. Zum Beispiel spalten Amylasen Stärke in Zucker.
- **Lipasen:** Die Fett spaltenden oder lipolytischen Enzyme bauen stündlich bis zu 175 g Fett in Fettsäuren und Glycerin ab. Das Fett muss jedoch vorher durch die Galle löslich gemacht werden.

Gibt es auch einen Enzymmangel?

Durch das Altern der Eiweißkörper, die Bildung von Abbauprodukten, eine mangelhafte Ernährung und andere Faktoren sinkt die Wirkung der Enzyme früher oder später. Die Folgen können gravierend sein. Eine Verminderung der körperlichen Abwehrkräfte, Verdauungsbeschwerden, die Ausbreitung von Krankheitserregern und dadurch Entstehung von Entzündungen, Schwellungen und Gelenkschmerzen wie Arthrosen, Weichteilrheuma, Polyarthritis und Schuppenflechte können auftreten. Um die Heilungsprozesse bei diesen Krankheiten zu fördern oder auch um ihnen vorzubeugen, empfiehlt Dr. Rudolf Inderst, Leiter des »Arbeitskreis pro Enzyme« in München, Enzyme einzunehmen. Inbesondere werden dadurch Verdauungsprobleme, Entzündungen und Durchblutungsstörungen gebessert. Bestimmte Enzyme wirken auch schmerzlindernd.

Warum ist unsere Ernährung enzymarm?

Durch die verfeinerte Kost ist unsere Ernährung arm an Enzymen, Vitaminen, Mineralstoffen und Ballaststoffen. Es liegt auf der Hand, dass sich durch Enzymmangel, durch zu viel Zucker, Fett und wenig Ballaststoffe Verdauungsstörungen, Übergewicht und Gesundheitsstörungen aller Art ausbilden.

Heute ist es alltäglich, dass immer mehr Menschen über Verdauungsbeschwerden klagen. Die Arztpraxen sind voll von Patienten, die unter Entzündungen des Magens und Darms, der Leber und Galle sowie Magen- und Zwölffingerdarmgeschwüren leiden. Die Patienten klagen über Völlegefühl und Blähungen. Beschwerden dieser Art haben ihren Ursprung oft in einer falschen Ernährung, in Enzymschwäche und Enzymmangel. Auch seelische Einflüsse sowie zu hastiges und unregelmäßiges Essen können dafür verantwortlich sein.

Welche Nahrungsmittel sind enzymreich?

Reich an Enzymen sind Karotten, Sellerie, Rote Bete, Sauerkraut, Rettich, alle Kohlarten, Zwiebeln, Knoblauch, frische Kräuter, Salate und Obst. Eine große Portion Enzyme sind in Ananas, Papaya, Kiwi und Feigen zu finden. Das älteste »Enzymmittel« ist übrigens die Sojasauce. Die Chinesen verwenden diese Sauce schon seit Jahrtausenden.

Wichtig ist, dass wir den Rohkostanteil in der Nahrung erhöhen, weil die meisten Enzyme ihre Wirksamkeit bei 50 °C bis 60 °C fast vollständig verlieren.

Welche Enzyme werden auch für die Behandlung von Krankheiten eingesetzt?

Folgende Enzyme werden auch therapeutisch eingesetzt:

- **Bromeline:** Sie sind enthalten in Ananas und wirken nicht nur bei Verdauungsstörungen, sondern können auch Entzündungen hemmen, Blutgerinnsel auflösen und Wasseransammlungen (Ödeme) aus schwemmen.
- **Papain:** Dies ist das Enzym des Melonenbaumes (Carica papaya). Es gehört zu den Eiweiß spaltenden Enzymen. Bei Verdauungsstörungen ist es als Pepsinersatz hilfreich und wird auch bei Wurmerkrankungen verwendet.

Bei welchen Krankheiten hat sich die Enzymtherapie bewährt?

Die systemische Enzymtherapie hat sich bewährt in der Sport- und Unfallmedizin, bei Venen- und Gefäßleiden, Krebserkrankungen, Herpes-Infektionen, Gürtelrose, Entzündungen im Hals-Nasen-Ohren-Bereich, rheumatischen Erkrankungen und Multipler Sklerose. Systemisch bedeutet hier, dass die Enzyme durch die Aufnahme in intakter Form aus dem Magen-Darm-Trakt über das Blut zu den Wirkorten im Organismus gelangen. Hier entfalten sie ihre Wirkung (systemische Wirkung). Wird eine Salbe, Creme oder ein Gel in die Haut eingerieben, spricht man von einer lokalen oder örtlichen Anwendung. Gelangt jedoch der Wirkstoff über die Haut ins Blut zu den Wirkorten, spricht man auch hier von einer systemischen Wirkung.

Welchen Krankheiten kann durch eine Enzymtherapie vorgebeugt werden?

Vorbeugend können Enzyme auch zur Stärkung des Immunsystems eingenommen werden. Auch bei jugendlichem Diabetes (Diabetes mellitus Typ 1) wird neben einer Insulintherapie eine solche mit Enzymen erfolgen. Warum dies? Bei der Erkrankung treten häufig ernsthafte Folgeerkrankungen auf wie Nerven- und Nierenleiden, Blutungen in der Netzhaut oder Gefäßleiden. Deshalb versucht man in den letzten Jahren, bereits im Vorfeld der akuten Erkrankung einzugreifen, neuerdings auch mit der naturheilkundlichen Enzymtherapie. Zum Einsatz kommen Kombinationen aus tierischen und pflanzlichen Enzymen. Sie können Entzündungen hemmen, Ödeme ausschwemmen, Blutgerinnsel verhindern, das Immunsystem steigern und Schmerzen stillen.

Schadet die Magensäure den Enzymen nicht?

Die Enzyme sind in den Dragees vor den Angriffen der Magensäure geschützt. Sie lösen sich erst im Darm auf und müssen hoch genug dosiert werden, damit ihre Aufnahme ausreicht.

Welche Einsatzgebiete hat die systemische Enzymtherapie?

Die Einsatzgebiete der Enzymtherapie sind vielfältig. Die Tabelle zeigt eine Auswahl:

Anwendungsgebiet	Beispiele
Gefäßerkrankungen	Arteriosklerose, Spätschäden durch Thrombosen, Venenerkrankungen, Verbesserung der Fließeigenschaften des Blutes, Verhinderung von Lymphödemen
Immunkomplexerkrankungen	Autoaggressive Immunerkrankungen, immunkomplexbedingte Entzündungserkrankungen wie rheumatische Erkrankungen, Multiple Sklerose, jugendlicher Diabetes mellitus
Verletzungen, z.B. Prellungen, Stauchungen, Zerrungen, Blutergüsse (Hämatome)	Abbau von Ödemen und Hämatomen, Beschleunigung der Wundheilung, vorbeugender Einsatz in Wettkampf- und Freizeitsport zur Minderung traumatologischer Verletzungen
Viruserkrankungen	Herpes-Infektionen, Gürtelrose, Warzen
Wachstumsveränderungen	Krebserkrankungen, Vorbeugung vor Metastasen, Vorbeugung bei Präkanzerosen (Gewebeveränderungen, die zu Krebs führen können), Brusterkrankungen (Zysten, Brusttumoren)

Lecithine

Was sind Lecithine und wo kommen sie vor?

Lecithine sind eine Gruppe von über 70 fettähnlichen Stoffen. Sie werden auch als Phospholipide oder Phosphatide bezeichnet.

Das bekannteste und am häufigsten verwendete Lecithin ist das Phosphatidyl-Cholin, das aus der Sojabohne gewonnen wird. Etwa 100 Millionen Tonnen Sojabohnen werden jährlich weltweit geerntet. Die Produktion von Lecithin beläuft sich auf 100.000 Tonnen. Zur Herstellung von 200 g reinem Lecithin braucht man 100 kg Sojabohnen.

Weitere gute Lecithin-Quellen sind Weizenkeime, Erdnüsse, Kalbsleber, Schinken, Hafermehl und Eier (Eigelb).

Lecithin wird immer wieder als Gedächtnismedizin bezeichnet. Stimmt das?

Das aus Cholin gebildete Acetylcholin fungiert im Gehirn als Botenstoff für die Reizübermittlung zwischen den Gehirnzellen. Man bezeichnet es als Neurotransmitter. Acetylcholin spielt bei der Gedankenspeicherung eine wichtige Rolle. Durch die Aufnahme von Lecithin kann die Gedächtnisleistung gesteigert werden.

Dazu gibt es auch Studien, wie die von Dr. Hardo Sorgatz aus Darmstadt. Er unterzog Personen im Alter von 45 bis 55 Jahren Lern- und Gedächtnistests. Die Teilnehmer erhielten über vier Wochen entweder ein flüssiges Lecithinpräparat oder ein Leerpräparat (Placebo). Fazit dieses Experimentes, das nach dem Doppelblindverfahren (weder die Teilnehmer noch der Testleiter wussten, wer Placebo und wer Lecithin erhielt) durchgeführt wurde: In der Lecithingruppe wurde eine bemerkenswerte Steigerung der Gedächtnisleistung festgestellt. In der Placebogruppe blieb dieser Erfolg aus. In der Presse wurde nach der Publikation dieser Ergebnisse das Lecithin als »Lern-Droge Nr. 1« hochgejubelt. Vor allzu großen Hoffnungen sei aber gewarnt. Eines kann man aber heute schon sagen: Untersuchungen an Menschen mit unterschiedlichem Lernvermögen deuten darauf hin, dass Lecithin die Erinnerungsfähigkeit fördern kann.

Ist Acetylcholin auch für den Muskel von Bedeutung?

Ja, bei der Übertragung von Nervenimpulsen in der Peripherie des Körpers, beispielsweise auf einen Muskel, spielt das Acetylcholin eine wichtige Rolle, indem es den Nervenreiz dorthin überträgt. Ein krankhafter Acetylcholin-Mangel führt zu einer Muskelschwäche. Der Stoff Curare, ursprünglich ein Pfeilgift der Indianer, wirkt auf diese Weise. Er führt durch die Inaktivierung des Acetylcholins zu Lähmungen.

Welche Wirkungen hat Lecithin außerdem?

In einigen Studien konnte eine Senkung erhöhter Cholesterinwerte erreicht werden. Die Dosis, die zur Senkung des Cholesterinspiegels eingenommen werden sollte, liegt zwischen 1 und 3 g pro Tag. Aber auch die Haut profitiert von Lecithingaben. So erwies sich insbesondere die Wirkstoffkombination aus Phosphatiden, Inosit und Vitamin E auf den Fettstoffwechsel der Haut als günstig. In Studien konnten bei Patienten mit Akne, Nagelveränderungen und Nagelwachstumsstörungen ausgezeichnete Erfolge erreicht werden. Die Durchblutung von Haut, Händen und Füßen verbesserte sich ganz wesentlich.

Essentielle Fettsäuren

Was versteht man unter der Bezeichnung »essentielle Fettsäuren«, und wie unterscheiden sie sich von den anderen Fettsäuren?

Grundsätzlich ist im Voraus zu sagen, dass Fette bekanntlich sehr kalorienreich sind und mehr als doppelt so viele Kalorien wie Kohlenhydrate haben. Chemisch sind Fettsäuren mehr oder weniger lange Ketten von Kohlenstoff- und Wasserstoffatomen.

Je nachdem, ob die Glieder der Fettsäureketten fest miteinander verbunden sind oder chemisch eine oder mehrere Doppelbindungen aufweisen, unterscheidet man im ersten Fall »gesättigte« Fettsäuren oder »ungesättigte« Fettsäuren, bei denen einige Wasserstoffatome fehlen. Ungesättigte Fettsäuren sind instabil und werden durch die Verbindung mit Sauerstoff zu gesättigten Fetten, die also keine Doppelbindung mehr enthalten.

Wozu benötigen wir Fettsäuren, und in welchen Nahrungsmitteln kommen sie vor?

Fettsäuren dienen in erster Linie als Energieträger. Die ungesättigten Fette stammen überwiegend aus pflanzlichen Produkten wie Distelöl, Sonnenblumenöl, Maiskeimöl, Walnussöl und Weizenkeimöl. Sie weisen mehrfach ungesättigte Verbindungen auf. Dagegen sind Fette tierischen Ursprungs überwiegend gesättigte Verbindungen, das heißt ohne Doppelbindungen.

Was bewirken die genannten Fettsäuren im Stoffwechsel?

Die gesättigten Fette fördern die Bildung von Cholesterin und erhöhen damit das Risiko für Herzinfarkt und Gefäßverkalkung (Arteriosklerose). Außerdem fördern sie die Bildung von Depotfett im Körper, sofern sie nicht zur Energiebildung durch körperliche Arbeit verwendet werden. Cholesterin wird aber auch in der Leber produziert und hat verschiedene wichtige Aufgaben, nämlich die Bildung von Sexualhormonen und Vitamin D. Aus gesättigten Fettsäuren kann auch die Arachidonsäure, die die Entzündungsbereitschaft erhöht, entstehen. Dadurch können sich verschiedene Krankheiten verschlimmern.

Der Körper ist fähig, fast alle benötigten Fettsäuren selbst herzustellen. Es gibt jedoch einige Ausnahmen. Die essentiellen Fettsäuren müssen mit der Nahrung aufgenommen werden. Dazu gehören die Linolsäure und die Linolensäure. Aus ihnen entstehen über verschiedene Schritte im Stoffwechsel die Gamma-Linolensäure und die Omega-3-Fettsäuren. Ausgangsprodukte sind beispielsweise das Nachtkerzenöl (GLS) und die Kaltwasser-Fischöle (EPS und DHS). Diese Fettsäuren wirken günstig auf Haut, Herz, Gefäße und beim prämenstruellen Syndrom (s. Seite 67, 70, 111).

Welche Mengen sollten von beiden essentiellen Fettsäuren über die Nahrung oder als Ergänzung eingenommen werden?

Empfohlen wird, 7 bis 10 Prozent der insgesamt aufgenommenen Fette als Linolsäure täglich zu sich zu nehmen, 2 bis 3 Prozent als Linolensäure, 1 bis 4 g Nachtkerzenöl (Quelle für Gamma-Linolensäure) und 1 bis 5 g in Form von Fischöl-Kapseln (Quelle für Omega-3-Fettsäuren). Es dürfte schwierig sein, genau diese Mengen bei den täglichen Mahlzeiten unterzubringen. Ich meine, dass sie nur dann zusätzlich eingenommen werden sollten, wenn bestimmte Krankheitserscheinungen vorliegen, die mit einem gestörten Fettstoffwechsel zusammenhängen.

An welche Krankheiten denken Sie da hauptsächlich?

Besonders denke ich dabei an die Arteriosklerose, aber auch Haut- und Haarerkrankungen, Allergien, rheumatische Erkrankungen, Asthma, Herz-Kreislauf-Erkrankungen, Bluthochdruck, Migräne und Immunstörungen kommen in Frage. Im Einzelfall muss man die Wirksamkeit verschiedener Fettsäuren austesten oder einfach ausprobieren.

Nach meinen Erfahrungen bewährt es sich, immer auch an den Einsatz von Lebertran in Kapselform zu denken. In Lebertran ist nicht nur Fischöl enthalten, sondern auch Vitamin D und die meisten benötigten Spurenelemente. Ich fand positive Wirkungen bei der Gabe von 3 bis 6 Kapseln zu je 1 g. Außerdem ist das eine sehr preiswerte Therapie. Leider ist diese Form der Vorbeugung und Behandlung heute fast völlig in Vergessenheit geraten. Vor Jahrzehnten gehörte sie noch zu einer Standardmaßnahme für Kinder, besonders im Winter zur Vorbeugung von Vitamin D-Mangel (Rachitis).

Besonders den Omega-3- und Omega-6-Fettsäuren werden krankheitsverhütende Wirkungen nachgesagt. Welche Formen dieser Fettsäuren gibt es?

Die für die menschliche Ernährung wichtigen Omega-3- und Omega-6-Fettsäuren sind in der folgenden Tabelle zusammengestellt:

Omega-3-Fettsäuren:	**Vorkommen**
alpha-Linolensäure	Leinöl, Sojaöl
Eicosapentaensäure	Seefische (Makrele, Lachs, Hering, Sardine, Thunfisch, Hundshai, Schwertfisch), Lebertran
Docosahexaensäure	Seefische, Lebertran
Omega-6-Fettsäuren:	
Linolsäure	Pflanzenöle (Sonnenblumen-, Distel-, Saflor-, Weizenkeimöl, bestimmte Margarinesorten)
Gamma-Linolensäure	Samen von Beinwell, Nachtkerze, Borretsch, Johannisbeeren
Arachidonsäure	Fleisch, Milch

Schützen Omega-3-Fettsäuren vor Herzinfarkt?

Dazu gibt es zwei aktuelle Studien. In der italienischen GISSI-Studie wurde die Wirkung von Omega-3-Fettsäuren in Form von Kapseln von 1 g Omega-3-Fettsäuren pro Tag an Menschen getestet, die drei Monate zuvor einen Herzinfarkt erlitten hatten. In der Fischöl-Gruppe starben 20 Prozent weniger an den Folgen des Herzinfarktes als in der Gruppe, die eine unwirksame Substanz erhalten hatte (Placebogruppe). Eine Vitamin E-Zulage hatte keinen zusätzlichen Effekt mehr. Bemerkenswert war, dass die Omega-3-Fettsäuren denselben Effekt hatten wie die Gabe von Cholesterinsenkern aus der heute üblichen Medikamentengruppe der Statine, die die Cholesterinbildung in der Leber hemmen.

Positive Tendenzen zeigten sich auch bei der kürzlich abgeschlossenen Lyon-Diätstudie. Die Testpersonen erhielten hierbei die an ungesättigten Fettsäuren reiche so genannte Mittelmeerdiät. Dabei scheint nicht allein das Olivenöl für eine Senkung der Infarktrate verantwortlich zu sein, sondern im besonderen Maße auch der reichliche Verzehr von Gemüse und Fisch. Die mediterrane Kost ist also arm an gesättigten Fetten. Wenn wir Mitteleuropäer jetzt verstärkt Olivenöl verwenden, dann sollten wir unbedingt auch den Verzehr von gesättigten Fetten – enthalten in fetter Wurst, fettem Käse, fettem Fleisch – nachhaltig reduzieren!

Wie ist die Wirkung der Omega-3-Fettsäuren zu erklären?

Sie wirken dreifach:

1. Omega-3-Fettsäuren hemmen die Zusammenballung von Blutplättchen (Thrombozyten) und verhindern somit Gefäßverschlüsse.
2. Diese Fettsäuren entfalten eine antiarrhythmische Wirkung, das heißt, sie wirken einem unregelmäßigen Herzschlagrhythmus entgegen. Arrhythmien stellen bei einem Herzinfarkt die größte Gefahr für einen plötzlichen Herztod dar.
3. Omega-3-Fettsäuren wirken blutdrucksenkend.

Wie erreichen wir eine optimale Zufuhr von Omega-3-Fettsäuren?

Wir sollten zweimal in der Woche 150 bis 200 g fetten Fisch essen. Die besten Quellen für Omega-3-Fettsäuren sind Leinöl, Sojaöl, Lebertran und fetter Seefisch. Wer kein Liebhaber von Fisch ist, der sollte auf Fischöl-Kapseln ausweichen. Dreimal täglich eine Kapsel genügt. Mit Omega-3-Fettsäuren angereicherte Lebensmittel wie Brot oder Müsli reichen nicht aus, um eine effektive Vorbeugung zu gewährleisten.

Welche Lebensmittel enthalten besonders viel Omega-3- und Omega-6-Fettsäuren?

In der folgenden Tabelle ist der Gehalt an Omega-3- und Omega-6-Fettsäuren in Prozent angegeben.

Ölsorte/Fische	Omega-3-Fettsäuren	Omega-6-Fettsäuren
Fettarmer Fisch (Kabeljau, Schellfisch, Flunder)	0,2–0,3 % (DHA, EPA)	
Fettreicher Fisch (Heilbutt, Hering, Makrele, Lachs, Thunfisch, Sardine)	0,9–2,6 % (DHA, EPA)	
Fischöl	30 %	2 %
Krusten- und Schalentiere (Hummer, Austern, Garnelen)	0,2–0,6 % (DHA, EPA)	
Lachsölkonzentrat	33 %	
Lebertran	20 %	2 %
Leinöl	64 %	14,7 %
Olivenöl	0,7 %	4–8 %
Sonnenblumenöl	1,4 %	74,7 %

Wie ist das optimale Verhältnis zwischen den essentiellen Fettsäuren?

In den Pflanzenölen kommen hauptsächlich die alpha-Linolensäure, die ebenfalls zu den Omega-3-Fettsäuren zählt, und in Fischölen und Fischen die Eicosapentaensäure (EPA) und Docosahexaensäure (DHA) vor. Nach neuesten Erkenntnissen soll das Verhältnis Omega-6- zu Omega-3-Fettsäuren in unserem Nahrungsfett zwischen 5:1 und 10:1 liegen. Dieses optimale Verhältnis von Fettsäuren zueinander liegt in der Muttermilch vor. Bei einer Aufnahme von 20 g mehrfach ungesättigten Fettsäuren pro Tag wären dies 2 bis 4 g Omega-3-Fettsäuren. Übrigens wirken die langkettigen Omega-3-Fettsäuren (Fischöl) bei Mangelerscheinungen, die sich etwa in Hautentzündungen oder Geschwüren nach monatelanger Sondennahrung äußern, und auch bei der Behandlung bestimmter Erkrankungen dreimal stärker als die alpha-Linolensäure. Beide gelten als essentiell, haben aber verschiedene Aufgaben im Körper und können nicht durch die jeweils andere ersetzt werden.

Wie hoch ist der Bedarf an essentiellen Fettsäuren?

Der optimale Bedarf wird wie folgt angegeben: 0,9 bis 1,0 g pro Tag für alpha-Linolensäure und 0,3 bis 0,4 g pro Tag für die langkettigen Omega-3-Fettsäuren. Der Bedarf steigt wahrscheinlich bei bestimmten Erkrankungen an. Hierüber ist noch zu wenig bekannt.

Die Gamma-Linolensäure soll beim prämenstruellen Syndrom helfen. Wie ist diese Wirkung zu erklären?

Die prämenstruellen Beschwerden sind denen in den Wechseljahren ähnlich. Ein Ungleichgewicht im Hormonhaushalt ist für die Schwankungen verantwortlich. Weitere Gründe sind der Mangel an essentiellen Fettsäuren sowie Störungen in der Umwandlung von cis-Linolsäure zu Gamma-Linolensäure. Dadurch werden bestimmte Gewebshormone (Prostaglandine) nicht in genügender Zahl gebildet.

Durch die gezielte Zufuhr von Gamma-Linolensäure, die besonders reichlich im Samen von Beinwell, Borretsch, Nachtkerze, roten und schwarzen Johannisbeeren und Stachelbeeren vorkommt, kann in vielen Fällen eine Besserung der prämenstruellen Beschwerden erzielt werden.

In Studien wurde festgestellt, dass bei 61 Prozent der Frauen mit prämenstruellen Beschwerden nach der Zufuhr von Gamma-Linolensäure die Beschwerden verschwanden. Bei 21 Prozent konnten sie stark gelindert werden. Besonders eindrucksvoll war dabei das Nachlassen von Brustschmerzen.

Hilft die Gamma-Linolensäure auch Hautkranken und hyperaktiven Kindern?

Ja. Die Fettsäure hat auch bei gewissen Hautkrankheiten eine heilende Wirkung. So hat sie sich bei Akne, Ekzem, Schuppenflechte und Neurodermitis bewährt. Wie Untersuchungen ergaben, leiden gerade Neurodermitiker und auch hyperaktive Kinder unter einem Mangel an essentiellen Fettsäuren, insbesondere an Gamma-Linolensäure. Manchmal liegt auch eine Resorptionsstörung vor.

Dr. D. Howland aus Vancouver empfiehlt hyperaktiven Kindern eine Diät, die frei von künstlich gefärbten und konservierten Lebensmitteln und Getränken ist und möglichst wenig Süßigkeiten enthält. Er plädiert für eine erhöhte Zufuhr von B-Vitaminen, von Vitamin C, Zink und Gamma-Linolensäure.

Coenzym Q10

Was ist Coenzym Q10, wo kommt es vor, und wie wird es gewonnen?

Coenzym Q10 wird zu den Pseudovitaminen gezählt. Andere Bezeichnungen sind Energie-Vitamin Q10 und Ubichinon. Letztgenanntes leitet sich von ubiquitär ab, was bedeutet: überall verbreitet.

Es kommt in Pflanzenölen, Fleisch, Leber, Herz, Muskeln, Fisch, Hefen und Eiern vor.

Heute wird Coenzym Q10 aus Hefen zu einem vertretbaren Preis gewonnen. Früher wurde die Verbindung aus Rinderherzen extrahiert. Ein Gramm hatte damals den stolzen Preis von 2.000 Mark.

Welche Bedeutung hat Coenzym Q10 für den Menschen?

1957 entdeckte eine Forschergruppe um Professor F. L. Crane aus Madison/Wisconsin (USA) in den Mitochondrien eines Rinderherzens das Coenzym Q10. Professor Dr. Karl Folkers von der Universität Texas (USA) war es, der die Bedeutung dieser Verbindung für die Zellatmung und die Energieproduktion innerhalb jeder Zelle erkannte.

Was sind Mitochondrien?

Mitochondrien sind stäbchenförmige bis kugelige Zellbausteine, die als »Kraftwerke der Zelle« bezeichnet werden. In jeder Körperzelle gibt es etwa 200 Mitochondrien. In einem komplizierten biochemischen Ablauf, den man Zitratzyklus nennt, wird in ihnen eine energiereiche Verbindung, die Adenosintriphosphorsäure (ATP), hergestellt. Sie ist quasi der Betriebsstoff der Zelle und wird benötigt, damit die Zelle ihre Aufgaben erfüllen kann.

Im Zitratzyklus spielt das Coenzym Q10 eine ganz entscheidende Rolle als Elektronenüberträger. Fehlt oder mangelt es an Coenzym Q10, so mangelt es auch an dem Betriebsstoff ATP. ATP wird weiter zu Adenosindiphosphorsäure (ADP) abgebaut, wobei Energie frei wird, und muss anschließend wieder zu ATP regeneriert werden. Die Bedeutung des Coenzyms Q10 wird deutlich, wenn man weiß, dass in 24 Stunden für einen 70 kg schweren Menschen unter Ruhebedingungen etwa 40 kg (!) ATP hergestellt werden muss. Dies ist natürlich ein theoretischer Wert, da das ATP immer wieder aus ADP neu regeneriert wird.

Ist der menschliche Körper auch in der Lage, Coenzym Q10 zu bilden?

Ja, das trifft zu. Die Eigensynthese erfolgt in der Leber. Er braucht dazu aber die entsprechenden Bausteine, wie die Aminosäure Tyrosin und die Mevalonsäure.

Warum haben ältere Menschen weniger Coenzym Q10?

Mit zunehmendem Alter nimmt die Eigensynthese in der Leber ab. Auch ist wahrscheinlich die Umwandlung von niederwertigen zu höherwertigen Coenzymen in der Leber nicht mehr gewährleistet oder eingeschränkt. Wie Dr. A. Kalén aus Stockholm ermittelte, ist der Coenzym Q10-Gehalt in Organen 40-Jähriger bereits um 32 Prozent und bei 80-Jährigen um 57 Prozent verringert.

Warum kommt es im Alter zu einer Abnahme von Coenzym Q10 in den Organen?

Darüber weiß man noch nichts Genaues. Diskutiert wird eine vermehrte Zerstörung der Ubichinone durch die Veränderung von Fettsäuren, wodurch besonders die Funktion der Mitochondrien als ATP-Produzenten geschwächt wird. Auch ein Mangel an bestimmten Bausteinen für das Coenzym Q10 wird angenommen. Bereits ein 25-prozentiger Coenzym Q10-Mangel macht sich in einer Reduktion der Leistungsfähigkeit bemerkbar.

Stärkt Coenzym Q10 das Herz? Welche Wirkungen werden diesem Stoff noch zugeschrieben?

Zahlreiche Studien bescheinigen Coenzym Q10 folgende Wirkungen: Es schützt die Zellen vor Schädigungen durch freie Radikale, sorgt für funktionstüchtige Zellmembranen, stärkt das Immunsystem, steigert die Herzkraft bei Herzmuskelschwäche, beugt Herzattacken vor, bringt Erleichterung bei Angina pectoris (Herzenge) und kann einen erhöhten Blutdruck senken.

Ein gesundes Herz hat übrigens genügend Coenzym Q10, aber 75 % aller kranken Herzen sind mit diesem Stoff unterversorgt. Bei einer Zugabe von genügend Coenzym Q10 besserten sich bei Herzkranken die Beschwerden in 70 % der Fälle. Coenzym Q10 erhöht bei kranken und geschwächten Herzen die Blutmenge, die pro Schlag (Schlagvolumen) und pro Minute (Herzzeitvolumen) befördert wird.

Stimmt es, dass Coenzym Q10 auch einer Arteriosklerose vorbeugt?

Eine Gruppe von Wissenschaftlern um Dr. Ronald Stocker vom Herzforschungsinstitut in Sydney (Australien) ist der Ansicht, Coenzym Q10 schütze die Blutfette vor Schädigungen durch freie Radikale und sei somit ein Faktor, der das Risiko der Entstehung einer Arteriosklerose vermindere. Hohe Coenzym Q10-Gehalte sollen ein effektiveres Antioxidans als Vitamin E und Beta-Carotin sein.

Wann ist eine ergänzende Versorgung mit Coenzym Q10 sinnvoll?

Sinnvoll ist die Coenzym Q10-Zufuhr für Leistungssportler, weil bei körperlicher Leistung der Coenzym Q10-Gehalt im Blut sich vermindert. Auch Menschen, die unter Stress leiden, ältere Menschen und Personen mit erhöhtem Alkoholgenuss profitieren von Coenzym Q10. Bei bestimmten Krankheiten, wie beispielsweise Herzschwäche, Bluthochdruck, Zuckerkrankheit, Immunschwäche und Hautkrankheiten, nach Herzoperationen oder bei der Einnahme bestimmter Medikamente ist die zusätzliche Einnahme von Coenzym Q10 sinnvoll.

Kann Coenzym Q10 Medikamente, die verordnet wurden, ersetzen?

Nein, Coenzym Q10 kann die verordneten Medikamente nicht ersetzen. Die Medikamente wirken jedoch durch die zusätzliche Einnahme von Coenzym Q10 effektiver.

Kann man die auf einem Coenzym Q10-Mangel beruhenden Krankheitszeichen auch durch die Zufuhr dieses Coenzyms bessern, und welche Mengen werden hierzu benötigt?

Das ist möglich, wenn man eine genügend hohe Dosis von einem guten Coenzym Q10-Präparat in Tabletten- oder Kapselform über einen ausreichend langen Zeitraum einnimmt.

In leichten Fällen genügen 30 mg Coenzym Q10 pro Tag. Bei deutlicheren Mangelsymptomen, besonders bei älteren Menschen, muss man 60 mg oder auch mehr geben. Ich hatte Patienten in meiner Praxis, bei denen 240 mg und noch mehr erforderlich waren, um das ATP auf einen Normalwert anzuheben. Erst kürzlich behandelte ich eine Frau mit Herzschwäche, die auf einer Reise an einer starken Bronchitis erkrankt war. Sie benötigte sogar 360 mg Coenzym Q10 zur Stabilisierung des Herzens. Da Coenzym Q10 nicht giftig ist, bestehen keine Bedenken gegen die Einnahme solch hoher Mengen.

Wie kann man herausfinden, welche Mengen an Coenzym Q10 man benötigt, und wie lange sollte man sie einnehmen?

Mit Hilfe der diagnostischen Elektro-Akupunktur ist es relativ einfach, den Bedarf zu bestimmen. Falls diese Möglichkeit nicht genutzt werden kann, sollte man je nach Schwere der Beschwerden, die typisch für einen ATP-Mangel sind (mangelnde Leistungsfähigkeit und schnelle Ermüdung) ein gutes Coenzym Q10-Präparat zunächst in mittlerer Dosis (60 mg) einnehmen und beobachten, ob die Beschwerden in etwa ein bis zwei Wochen nachlassen. Ist dies der Fall, muss der Betreffende die Dosis verringern, bessern sich die Beschwerden nicht, sollte er die Dosis erhöhen.

Sind alle Coenzym Q10-Präparate gleich gut?

Wichtig ist, ein voll wirksames Coemzym Q10-Präparat zu bekommen. Da leider nicht alle Handelspräparate gleichwertig sind – die billigen sind meistens nutzlos –, empfehle ich meinen Patienten Coenzym Q10 der Firma Intervalor oder auch Original-Präparate aus den USA. Möglicherweise sind auch andere deutsche Präparate »vollwertig«, aber ich habe nicht mit allen eigene Erfahrungen gemacht. Es gibt allerdings weniger wirksame, die einen schlechten ATP-Wert nicht verbessern.

Bioaktive Stoffe

Nachdem Mineralien, Spurenelemente, Vitamine und andere wichtige Nährstoffe besprochen wurden, ergibt sich die Frage, ob damit das Wichtigste erwähnt wurde, was für eine optimale Stoffwechselsituation erforderlich ist. Oder gehören dazu noch weitere Nahrungsbestandteile, die von Bedeutung sind?

Es gibt noch weitere wichtige stoffwechselaktive Substanzen, die nicht zu den oben erwähnten Nahrungsbestandteilen gehören und die hauptsächlich über die Nahrung aufgenommen werden. Auch sie spielen für einen gesunden Stoffwechsel eine wichtige Rolle. Man nennt sie bioaktive Substanzen. Sie kommen auch in Lebensmitteln vor, dienen aber nicht direkt dem Aufbau von Körperstoffen. Dennoch haben sie wichtige Funktionen und können Krankheiten vorbeugen.

Welche Stoffe zählt man zu den bioaktiven Substanzen, und worin sind sie hauptsächlich enthalten?

Man kann die wichtigsten Gruppen folgendermaßen zusammenfassen:

- **Carotinoide:** Das bekannteste Carotinoid ist das in Karotten enthaltene Beta-Carotin. Aus ihm kann der Körper Vitamin A herstellen. Provitamin A, wie das Beta-Carotin auch genannt wird, kann das Immunsystem stimulieren, schützt vor freien Radikalen und senkt den Cholesterinspiegel. Beta-Carotin hat sich als Vorbeugung gegen Schädigungen durch Sonneneinstrahlung (Sonnenbrand, Hautkrebs) bewährt.
  Zu dieser Stoffgruppe gehört unter anderem auch das Lycopin, das besonders reichlich in Tomaten enthalten ist. In manchen Präparaten ist dieses Tomaten-Lycopin enthalten. Dieser Stoff hat eine höhere antioxidative Kraft als Beta-Carotin und schützt auch die Netzhaut des Auges vor Schäden.
- **Glukosinolate:** Die insbesondere in Senf, Meerrettich, Kohl und anderen Gemüsearten vorkommenden Glukosinolate entfalten eine schützende Wirkung gegen Krebs und krank machende Mikroorganismen.
- **Phytinsäuren:** Diese haben positive Wirkungen auf den Blutzuckerspiegel und entfalten einen Krebs vorbeugenden Effekt. Sie kommen in den Randschichten von Getreide, Hülsenfrüchten und Ölsaaten vor.

Aber Achtung! Phytinsäuren können Eisen und Zink binden, sodass diese nur mehr vermindert resorbiert werden.

- **Phytoöstrogene:** Sie besitzen eine schwache Östrogenwirkung, können jedoch auch eine Anti-Östrogen-Wirkung entfalten. Sie kommen in Sojabohnen und Getreide vor.
- **Phytosterine:** Dies sind fettartige Stoffe, die in Pflanzensamen, etwa Sonnenblumenkernen, Sesamsamen oder Sojabohnen, vorkommen. Obwohl sie ähnlich aufgebaut sind wie das Cholesterin, können sie die Cholesterinblutwerte senken. Ihnen wird auch eine schützende Wirkung gegen Dickdarmkrebs zugeschrieben.
- **Polyphenole:** Diese Gruppe gehört zu den Pflanzenfarbstoffen. Beispielsweise zählen Quercitin und die Flavonoide dazu. Sie kommen besonders in Grün- und Rotkohl, Obst und Beeren vor. Die Polyphenole sind hauptsächlich in den Randschichten der Früchte enthalten. Sie fördern die Immunabwehr, wirken gegen freie Radikale und somit auch gegen Krebs. Ferner regulieren sie den Blutzuckerspiegel.
- **Protease-Inhibitoren:** Die besonders in Hülsenfrüchten enthaltenen Stoffe schützen den Körper vor Oxidationen, wirken der Krebsentstehung entgegen, regulieren den Blutzuckerspiegel und haben antientzündliche Eigenschaften.
- **Saponine:** Saponine haben eine schützende Wirkung gegen Darmkrebs, sie hemmen krankhafte Darmkeime, senken den Cholesterinspiegel und hemmen Entzündungen. Sie sind insbesondere in Hülsenfrüchten enthalten.
- **Sulfide:** Diese schwefelhaltigen Verbindungen sind insbesondere in Knoblauch, Zwiebeln und Schnittlauch anzutreffen. Sie besitzen eine Tumor hemmende Wirkung, besonders gegen Magenkrebs. Die scharf schmeckenden Sulfide wirken gegen krankhafte Keime, verhindern Oxidationen und die Krebsentstehung. Sie beeinflussen die Blutgerinnung günstig und stärken das Immunsystem.
- **Terpene:** Es handelt sich hier um Bestandteile von ätherischen Ölen. Sie kommen in Zitrone, Minze und Kümmel vor und gelten als Krebs verhindernde Stoffe.

Können Sie einen Überblick über Vorkommen und Wirkung dieser Stoffe geben?

Hier ist eine Tabelle über die sekundären Pflanzenstoffe:

Pflanzenstoffe	Vorkommen	Wirkung
Carotinoide (u.a. Beta-Carotin, Lykopin, Xanthophyll)	Karotte, Kürbis, Aprikose, Grünkohl, Spinat, Tomate, Brokkoli, Salat, Kiwi, schwarze Johannisbeere, Mais	Krebs hemmend; antioxidativ; Stärkung des Immunsystems; Schutz vor schädlichen Einflüssen des Sonnenlichts
Glucosinolate	Rettich, Kresse, Senf, Kohl, Steckrüben	Krebs hemmend; antimikrobiell (Senföle); Senkung des Cholesterinspiegels (Indole)
Monoterpene	Pfefferminze (Menthol), Kümmel (Carvon), Zitrusöl (Limonen)	Schutzwirkung in der ersten Phase der Krebsentstehung; Verringerung der Krebs erregenden Wirkung von Nitrosaminen
Phytoöstrogene	Hopfen, Sojabohnen, Ölsamen, Getreide, Kohl, Sojaöl, Weizenkeimöl, Leinsamen, Leinöl	Krebs hemmend, besonders Brust- und Dickdarmkrebs
Phytosterine	Samen, Sonnenblumenkerne, Sesam, Sojaöl	Senkung des Cholesterinspiegels; möglicherweise Schutz vor Dickdarmkrebs
Polyphenole (Phenole, Phenolsäuren, Hydroxyzimtsäuren, Kumarine, Flavonoide wie Flavonole, Anthozyane, Isoflavonoide, Lignane, Lignine)	Zwiebeln, rote Trauben, Rotwein, roter Traubensaft, Walnüsse, Brombeeren, Kaffee, Kopfsalat, Kartoffeln, Grünkohl, Äpfel, Auberginen, Sojabohnen, Leinsamen, Vollkorn und Weizenkleie (Lignin), Zitrusfrüchte (Flavonoide)	Krebs hemmend; antioxidativ; entzündungshemmend; Anthocyane verhindern eine Zusammenballung von Blutplättchen (Thromboseschutz!) und senken den Cholesterinspiegel
Protease-Inhibitoren	Hülsenfrüchte, Getreide, Kartoffeln, Sojabohne	Krebs hemmend; antioxidativ

Pflanzenstoffe	Vorkommen	Wirkung
Saponine	Hülsenfrüchte, Rosmarin, Salbei	Möglicherweise Schutz vor Dickdarmkrebs; Stärkung der Abwehr; Senkung des Cholesterinspiegels
Sulfide	Zwiebeln, Schalotten, Lauch, Schnittlauch, Knoblauch	Antimikrobiell; Stärkung des Immunsystems; antioxidativ; Verhinderung des Zusammenklebens von Blutplättchen; Beschleunigung der Auflösung von Blutplättchenklumpen (Knoblauch, Zwiebeln); Krebs hemmend, besonders Speiseröhren-, Magen-, Dickdarm- und Lungenkrebs

Was bedeuten diese bioaktiven Stubstanzen für unsere Gesundheit?

Aus dem bisher Dargestellten geht hervor, dass nicht allein Mineralstoffe, Spurenelemente und Vitamine einen gesunden Stoffwechsel garantieren, sondern dazu auch verschiedene pflanzliche Substanzen notwendig sind.

Welche Konsequenzen ergeben sich daraus für unsere Ernährung?

Eine vollwertige Kost mit reichlichen Anteilen möglichst unveränderter Nahrungsmittel, die von gesunden Böden stammen, versorgt uns mit allen für die Gesundheit notwendigen bioaktiven Stoffen.

Freie Radikale – was sie bewirken und wie wir uns schützen können

Was sind freie Radikale und wie entstehen sie?

Alles, was dem Körper schadet, wie Entzündungen, Gifte, giftige Schwermetalle und Radioaktivität, um nur die wichtigsten Radikalbildner zu nennen, erzeugt im Stoffwechsel instabile Verbindungen. Das heißt, es entstehen Verbindungen, bei denen die Sauerstoffmoleküle nicht stabil sind, weil ihnen ein Elektron fehlt und sie deshalb besonders reaktionsfreudig sind und schnell neue Verbindungen eingehen. Zu diesen instabilen Sauerstoffverbindungen gehören chemisch zum Beispiel das Wassserstoffperoxid, das Superoxid-Anion und die Hydroxylradikale.

Wie wirken sie auf den Stoffwechsel?

Freie Radikale versuchen, sich das fehlende Elektron aus ihrer Nachbarschaft zu beschaffen, und erzeugen, wie in einer Art Kettenreaktion, weiterhin instabile Verbindungen. Da sich diese biochemischen Vorgänge in allen Zellen, Zellelementen, Zellmembranen und Organen abspielen können, kommt es dort zu Schädigungen. Wenn diese Schäden nicht vom Organismus repariert werden können, treten chronische Störungen auf. Das passiert immer an dem Ort, wo freie Radikale aktiv sind. Auf diese Weise können so unterschiedliche Organe wie z.B. die Leber, der Herzmuskel, das Knochenmark, das Gehirn oder die Nerven geschädigt werden.

Kann sich der Körper dagegen wehren?

Je jünger und intakter ein Organismus ist, umso besser kann er die durch freie Radikale verursachten Schäden sofort wieder reparieren. Umgekehrt gilt: Je älter und geschwächter jemand ist, umso mehr häufen sich durch Radikale angerichtete Schäden an, was insbesondere die vorzeitige Alterung fördert.

Gibt es spezielle Folgeschäden durch Radikalenangriffe?

Ja, das ist wirklich der Fall. Heute werden eine ganze Reihe von meist chronischen Erkrankungen zu den so genannten Radikalenerkrankungen gerechnet. Es ist möglich, sie durch die Einnahme von Radikalenfängern zu behandeln.

Können Sie die wichtigsten Radikalenerkrankungen nennen?

Folgende Schäden, Komplikationen und Krankheiten werden durch freie Radikale ausgelöst:

- Förderung des Alterungsprozesses
- Gelenkschäden wie Arthritis und Polyarthritis
- Herz-Kreislauf-Erkrankungen
- Augenschäden wie grauer Star und Makula-Degeneration
- Komplikationen beim Diabetes mellitus
- Entzündliche Darmerkrankungen wie Colitis
- Leberschäden durch Gifte und Alkohol
- Veränderungen am Nervensystem, beispielsweise Multiple Sklerose und Alzheimer-Krankheit
- Krebserkrankungen
- Schäden durch intensive Sonneneinwirkung wie Sonnenbrand und Hautkrebs

Wahrscheinlich reicht der schädliche Einfluss der freien Radikale noch weiter. Aber man erkennt aus der Aufzählung bereits, dass ein Großteil der so genannten Zivilisationskrankheiten auf die Einwirkung von freien Radikalen zurückzuführen ist.

Demnach spielt die Verhinderung der Entstehung freier Radikale und die Behandlung erster Anzeichen von Schäden eine große Rolle, wenn man gesund und abwehrstark bleiben möchte. Gibt es Maßnahmen, die die Entstehung von freien Radikalen verhindern oder erschweren können?

Die Prinzipien der Orthomolekularmedizin bemühen sich, dieses Ziel zu erreichen, und zwar, indem der Körper mit allen essentiellen Konstituenten optimal versorgt wird, und auch dadurch, dass sich keine Gifte, wie wir sie zwangsläufig aus der Umwelt aufnehmen, im Organismus festsetzen und freie Radikale erzeugen können. Schließlich sollte man auch Entzündungen als »Herden« vorbeugen. Dies sind die wichtigsten Prinzipien einer Vorbeugung gegen die schädlichen Wirkungen der freien Radikale.

Da der menschliche Organismus außerdem in der Lage ist, Schäden wieder zu reparieren, sorgt er selbst auch für seine Gesundheit. Jedoch lässt diese Selbstreparaturfähigkeit mit zunehmendem Alter nach, sodass sich bei einem alten Menschen die Folgen der Radikalenangriffe summieren und den Alterungsprozess fördern. Umgekehrt ist ein junger Mensch relativ geschützt, weil sein Organismus in der Lage ist, Schäden weitgehend zu reparieren.

Wie kann man sich vor freien Radikalen schützen?

Es gibt zwei Strategien, den schädlichen Einflüssen freier Radikale zu entgehen. Zum einen sollte alles vermieden werden, was freie Radikale erzeugt. Zum anderen sollte man dafür sorgen, dass der Organismus über die Nahrung und Nahrungsergänzungsstoffe genügend Radikalenfänger bekommt.

Wie kann man die Belastung mit freien Radikalen feststellen?

Dies ist mit der bioelektrischen Funktions-Diagnostik möglich (s. Seite 99, 104).

Was sind die wichtigsten Radikalenfänger?

Es gibt so genannte exogene Radikalenfänger, das heißt, der Körper nimmt sie über die Nahrung auf. Das sind in erster Linie die Vitamine E und C, wobei sich beide gegenseitig unterstützen, weil Vitamin E im lipophilen (fettigen) Milieu wirkt und Vitamin C im wässrigen Milieu. Dazu kommen weitere Radikalenfänger, wie etwa Beta-Carotin, L-Cystein, DL-Methionin, L-Glutathion, Coenzym Q10 und Verbindungen mit den Spurenelementen Selen, Zink und Mangan.

Wie hoch sollten die Radikalenfänger dosiert werden?

Die Dosierung ist von Mensch zu Mensch unterschiedlich, sodass keine festen Zahlen genannt werden können. Sie richtet sich zum einem nach dem Grad, in dem der Körper bereits mit Radikalenfängern versorgt ist, aber auch nach dem aktuellen Bedarf, der durch die jeweilige Erkrankung oder Funktionsstörung bedingt ist.

Tipps für ein starkes Immunsystem

Welche Bedeutung hat das Immunsystem für den menschlichen Körper?

Täglich ist der Mensch den Attacken von Bakterien, Viren und Pilzen ausgesetzt. Nur unserem wunderbar funktionierenden Immunsystem haben wir es zu verdanken, dass wir diesen Angriffen nicht schutzlos ausgeliefert sind. In der Strategie des Abwehrkampfes spielen die weißen Blutkörperchen (Leukozyten, Lymphozyten, Monozyten) und die Fresszellen (Makrophagen) eine große Rolle. Sie bilden die Abwehrstoffe und Antikörper, mit denen die krank machenden Stoffe unschädlich gemacht werden.

Was schwächt das Immunsystem?

Leider kommt es heute immer häufiger vor, dass die Abwehrzellen geschwächt oder in unzureichender Menge gebildet werden. Für die Schwächung des Immunsystems hauptsächlich verantwortlich sind Fehlernährung, mangelnde Abhärtung und ein Vitamin- und Mineralstoffmangel. Aber auch Umweltgifte wie Ozon, Schwermetalle und Stickoxide, ferner eine Strahlenbelastung und Alterungsprozesse beeinträchtigen das Immunsystem. Dann gibt es bestimmte Medikamente wie beispielsweise Antibiotika, Hormone, Sulfonamide und Cortison, die die Abwehrkräfte schwächen. Weitere Ursachen sind seelische Probleme, Ärger, Rauchen, Stress und übermäßiger Alkoholgenuss.

Welche Rolle spielt die Psyche bei der Stärkung oder Schwächung des Immunsystems?

Das Immunsystem wird zweifellos durch positive und negative Gedanken und Gefühle beeinflusst. Ein fröhliches Gemüt kann die Produktion der weißen Blutkörperchen steigern. Dazu ein Beispiel: Bei Krebskranken wird deren Einbildungskraft und Heilungswille für die Heilung eingesetzt. Der Kranke wird davon überzeugt, den Krebs durch positive Gedanken zu beeinflussen. Der feste Glaube an eine Heilung hat schon manchem Krebskranken tatsächlich zum Sieg über die Krankheit verholfen.

Reagieren Menschen mit Angst, Verzweiflung und Mutlosigkeit auf eine Krankheit oder auf eine bevorstehende Operation, brauchen sie sich nicht zu wundern, wenn ihre Abwehr geschwächt wird und sie länger brauchen, um wieder gesund zu werden. Optimismus und Selbstvertrauen helfen aber mit, ein starkes Abwehrsystem aufzubauen.

Warum schwächt Stress unser Immunsystem?

Bei Stress arbeitet der Organismus auf Hochtouren. Es werden bestimmte Hormone ausgeschüttet, während das Immunsystem auf Sparflamme schaltet. In dieser Phase hat der Körper wenig Widerstandskraft gegenüber Infektionen. Eine kurzfristige Stressbelastung schadet bestimmt noch nicht, aber eine dauernde Belastung ist Gift für unser Immunsystem. Dann werden nämlich immer mehr Steroide (Cortison) produziert. Diese Hormone unterdrücken die Aktivität bestimmter Abwehrzellen (T-Zellen). Frauen sollen übrigens gegen Stressbelastungen besser gewappnet sein als Männer. Dies scheint auch mit den weiblichen Hormonen zusammenzuhängen. Auch Kälte, Schmerz und Lärm bedeuten Stress und können zu einer Schwächung des Immunsystems führen.

Gefährlicher als körperlicher Stress ist der seelische, der beispielsweise durch Frustration, Angst, Zorn, Furcht oder Depressionen entsteht. Wie amerikanische Forscher herausfanden, verläuft bei Depressionen die Bildung von Lymphozyten langsamer. Depressive Menschen haben deshalb auch ein erhöhtes Infektionsrisiko.

Was tun gegen Stress?

Wer sich gestresst fühlt, sollte folgende Hinweise mit besonderer Aufmerksamkeit durchlesen:

- Sorgen Sie für eine ausgewogene und richtige Ernährung, die reichlich Vitamine und Mineralstoffe enthält, z.B. Vollwertkost.
- Schlafen Sie ausreichend.
- Sprechen Sie sich mit einem Menschen Ihres Vertrauens aus.
- Drücken Sie Ihre positiven und negativen Gedanken aus.
  Schlucken Sie nicht alles herunter.
- Machen Sie Entspannungsübungen.
- Sorgen Sie für regelmäßige körperliche Bewegung.
- Meiden Sie Alkohol, Nikotin und andere Drogen.
- Tun Sie regelmäßig Dinge, die Ihnen Freude bereiten. Das kann beispielsweise ein heißes Bad, ein Einkaufsbummel, Restaurantbesuch oder Urlaub sein. Auch Ihre Hobbys sollten Sie pflegen.

- Atmen Sie ruhig.
- Wenn Sie ein gläubiger Mensch sind, hilft sicher auch Beten.

Welche Rolle spielt die Ernährung für das Immunsystem?

Die Ernährung ist von eminenter Bedeutung, da der Körper aus Blut- und Nahrungsbestandteilen weiße Blutkörperchen (Leukozyten) und Antikörper herstellt. Wer sich unzureichend und falsch ernährt, wird dies mit einer erhöhten Infektionsanfälligkeit bezahlen. Von besonderer Bedeutung ist, dass wir unser Essen in einer appetitlichen Umgebung und einer ruhigen Atmosphäre einnehmen. Ein solches Essen bringt höchste Genuss-Erlebnisse – also Wohlbefinden – und hebt die Stimmung. Dies führt wiederum zu einer Stärkung des Immunsystems.

Gibt es Nahrungsmittel, die das Immunsystem im Besonderen stärken?

Ja, eine Reihe von Nahrungsmitteln oder Bestandteilen von Nahrungsmitteln haben einen positiven Einfluss auf unsere Abwehrkräfte.

Stoff/Nahrungsmittel	Wirkung
Ballaststoffe aus Getreide	Beeinflussung des spezifischen und unspezifischen Abwehrmechanismus; Aktivierung verschiedener Fresszellen; Hemmung des Krebswachstums
Joghurt und Sauerkraut	Erhöhung von Immunfaktoren durch die Milchsäurebakterien
Carotinoide, besonders Beta-Carotin und Canthaxanthin (roter Pflanzenfarbstoff)	Mobilisation von Abwehrzellen; Hemmung beziehungsweise Verminderung des Tumorwachstums
Knoblauch	Steigerung der Killerzellen; Hemmung des Krebswachstums

Stoff/Nahrungsmittel	Wirkung
Saponine aus Hülsenfrüchten	Beeinflussung verschiedener Immunfaktoren
Selen	Stärkung des Immunsystems; Herabsetzung der Wirkung giftiger Stoffe
Vitamin C	Funktionssteigerung der weißen Blutkörperchen; Steigerung der Aktivität der Fresszellen; Beteiligung an der Interferonbildung und Monozytenaktivierung

Gibt es noch andere Stoffe, die unser Immunsystem stärken oder schwächen?

Auch Medikamente und physikalische Einflüsse wie Kälte können sich positiv oder negativ auf das Immunsystem auswirken. Zu den Stoffen, die das Immunsystem stimulieren, gehören unter anderem Impfstoffe, Thymusfaktor, Interferon, Interleukine, Extraktion von Mikroorganismen, pflanzliche Stoffe (Sonnenhut, Lebensbaum, Wilder Indigo, Eleutherococcus), bestimmte Mineralstoffe, Spurenelemente und Vitamine. Man nennt diese Stoffe auch Immunstimulanzien.

Negativ beeinflussen beispielsweise Röntgenstrahlen, Zytostatika, Antibiotika, Cortison, Colchicin, monoklonale Antikörper und Umweltgifte wie Schwermetalle, Ozon und Stickoxide das Immunsystem. Diese Substanzen sind Immunsuppressiva.

Warum ist körperliche Bewegung gut für das Immunsystem?

Bewegung hält den Kreislauf in Schwung. Nicht übertriebene sportliche Betätigung kräftigt den Körper, fördert die Durchblutung, macht unser Gehirn »beweglicher« und stimuliert das Immunsystem. Die bei der Körperertüchtigung im Gehirn freigesetzten Endorphine und Enzephaline setzen nicht nur die Schmerzschwelle herab, sondern mindern auch Ängste, erzeugen Wohlbehagen und stimulieren die Interleukin- und Interferonproduktion, beides Stoffe, die im Abwehrgeschehen eine wichtige Rolle einnehmen.

Wie können wir unser Immunsystem stärken?

Wichtig zur Stärkung des Immunsystems sind eine vitalstoffreiche Ernährung, körperliche Bewegung und seelische Stabilität. Es gibt auch einige Stimulanzien, die unser Immunsystem auf Trab bringen. Dies sind Eleutherococcus, Baumflechten, Mistel, Propolis, Sonnenhut (Echinacea), Wilder Indigo, Lebensbaum und plasmolysierte Hefe. Gewisse Inhaltsstoffe dieser Pflanzen fördern die Produktion von Abwehrzellen und erhöhen die Interferonwirkung. Weitere Immunstimulanzien sind Präparate aus Mikroorganismen und Eigenimpfstoffe (Autovaccine), die Thymustherapie, Serumtherapie und und die Behandlung mit Eigenblut.

Von besonderer Bedeutung für das Immunsystem sind einige B-Vitamine und die Vitamine A, C und E, ferner sekundäre Pflanzenstoffe wie Carotinoide, Saponine und Sulfide und die Spurenelemente Kupfer, Selen und Zink.

Fit bis ins hohe Alter – vorzeitige Alterung verhindern

Können Sie zunächst einmal Grundsätzliches zum Alterungsprozess sagen?

Bekanntlich ist alles Leben unausweichlich einem Alterungsprozess unterworfen, und seit jeher haben sich die Menschen immer wieder vergeblich damit beschäftigt, diesen Prozess aufzuhalten oder umzukehren. Es ist ein notwendiges Naturgesetz, dass alles Leben endlich ist. Jede normale Zelle hat eine programmierte Lebensdauer und sie muss nach einer gewissen Zeit durch eine neue ersetzt werden. Davon gibt es nur eine Ausnahme, die Krebszelle. Die ist „unsterblich", das heißt, sie kann sich unbegrenzt weiter vermehren und darauf beruht auch ihre Bösartigkeit.

Die Gesetzmäßigkeit einer begrenzten Lebensdauer von normalen Zellen wurde experimentell bewiesen. Das heißt, jede Zelle kann sich nur begrenzt häufig teilen, danach muss sie sterben und durch eine neue ersetzt werden. Diese Tatsache ist in den Chromosomen, der Erbsubstanz, festgelegt. Die einzelnen spezialisierten Zellen des menschlichen Organismus haben sehr unterschiedliche Verdoppelungsmöglichkeiten. Die Hautzellen und die Zellen des Darmkanals erneuern sich rasch. Dagegen haben die Nervenzellen des Gehirns keine Chance, sich zu verdoppeln. Zugrunde gegangene Gehirnzellen können nicht ersetzt, aber deren Aufgaben unter Umständen von anderen Zellen übernommen werden. Auch die Zellen des Herzmuskels können sich nicht verdoppeln, aber sie können sich vergrößern. Das nennt man hypertrophieren.

Auf der begrenzten Lebensdauer von Zellen und damit auch der einzelnen Gewebe beruht selbstverständlich auch die begrenzte Lebensdauer von lebenden Organismen. Die höchste Lebenserwartung beim Menschen wird im günstigsten Fall mit etwa 120 Jahren angenommen, und es gab bisher nur wenige Menschen, die dieses Alter erreichten.

Warum werden die Menschen sehr unterschiedlich alt?

Das hängt von mehreren Faktoren ab. Zuerst spielt die Vererbung eine wichtige Rolle. Es gibt Familien, in denen gehäuft Hoch- und Höchstbetagte vorkommen. Zum zweiten sind auch Faktoren von Bedeutung, die im Laufe eines Lebens hinzukommen. Das können etwa Krankheitsfolgen sein. Vielleicht noch entscheidender sind jene Faktoren, die die Lebens- und Vermehrungsfähigkeit wichtiger Organzellen beeinträchtigen. Das gibt z.B. für die schon besprochenen Einflüsse durch Gifte aller Art sowie die ausreichende oder verminderte Versorgung mit allen essentiellen Körperkonstituenten.

Welche Mechanismen sind bekannt oder werden angenommen, die eine vorzeitige Alterung begünstigen?

Grundsätzlich spielen hier Verluste, das heißt, das Fehlen von wichtigen Körperkonstituenten, beispielsweise Mineralstoffe, Vitamine oder Aminosäuren, eine Rolle. Dadurch entsteht eine Anhäufung von schädlichen Stoffwechselendprodukten. Es bilden sich insbesondere vermehrt freie Radikale, die wiederum wichtige Stoffwechselprozesse beeinträchtigen. Es kann dadurch auch zu einer Verklebung oder Vernetzung von Kollagenen, den Gerüsteiweißstoffen kommen, die das Stützgewebe bilden (Bindegewebe, Sehnen, Bänder, Knochen, Knorpel). Das hat eine Verhärtung im Bindegewebe zur Folge, die äußerlich an einer vermehrten Faltenbildung erkennbar wird.

Auch die wichtige Erbinformation (DNA) wird altersbedingt verändert und kann somit nicht die erforderlichen gesunden Produkte hervorbringen. Alles in allem kommt es zunehmend zu Beeinträchtigungen an Geweben und einzelnen Stoffwechselkomponenten, und wichtige Reparaturmechanismen fallen aus. Je früher und je stärker sich diese degenerativen Prozesse abspielen, umso eher finden vorzeitige Alterungsprozesse statt.

Was kann man selbst dazu beitragen, um den letztendlich unausweichlichen Alterungsprozess hinauszuzögern?

Das wurde bereits in den verschiedenen vorangegangenen Kapiteln angedeutet und ist Gegenstand der Orthomolekularmedizin.

Man sollte sich bemühen:

- schädigende Einflüsse auszuschalten und dadurch die Bildung von freien Radikalen so weit wie möglich zu unterbinden,
- durch die Nahrung und Nahrungsergänzungsmittel ausreichend die wichtigen essentiellen Körperkonstituenten aufzunehmen,
- sich durch ein ausgewogenes körperliches Training fit zu halten,
- auch bei fortschreitender Alterung den Geist zu trainieren.

Was könnte beim Alterungsprozess neben den Stoffwechseleinflüssen außerdem eine Rolle spielen?

Neben den Biofaktoren kann auch die Einstellung eines Menschen für die Lebenserwartung von Bedeutung sein. Wie sich aus meinen Beobachtungen während einer 50-jährigen Arzttätigkeit ergeben hat, könnte die Gemütsverfassung eines Menschen, seine Stärkung durch religiöse Denkinhalte, seine Einstellung zu transzendentalen Einflüssen und seine Resistenz gegenüber alltäglichen Stressfaktoren mit darüber entscheiden, wie lange er lebt.

Diese Einschätzung beruht auf meiner Beobachtung, dass einige meiner hochbetagten Patienten eine relativ gering ausgeprägte Pathophobie, die Angst vor Krankheiten und vor Krebs, haben. Gerade das könnte ja auch ein Grund dafür sein, dass mancher unter Belastungen und Mängeln nicht so schnell und stark erkrankt wie jemand, der ständig Furcht vor Krankheiten hat. Diese Faktoren berühren auch das Gebiet der Psychoimmunologie, den schon besprochenen Einfluss der Psyche auf das Immunsystem (s. Seite 82), der in der modernen Medizin längst anerkannt ist.

Gibt es Charaktereigenschaften, die das Erreichen eines hohen Alters fördern?

In einer Untersuchung an Hundertjährigen in Georgia (USA) kristallisierten sich vier Charaktereigenschaften heraus, die Hochbetagte gemeinsam hatten: Sie waren optimistisch, bejahten das Leben, wollten aktiv bleiben und waren anpassungsfähig. Trotz aller Verluste (Angehörige, Freunde, körperliches Leistungsvermögen) blieben sie hellwach und extrovertiert und nahmen am täglichen Leben Ihres Wohnortes regen Anteil.

Nonnen, die bis ins hohe Alter Führungspositionen einnahmen oder Unterricht erteilten, blieben geistig fit und litten seltener an der Alzheimer-Krankheit oder anderen Gehirnerkrankungen als ihre Mitschwestern. Der intellektuelle Abbau kann aufgehalten werden, indem das Gehirn gefordert wird. Auch nach Beendigung des Berufslebens bieten Freizeitbeschäftigungen und gesellschaftliche oder ehrenamtliche Aktivitäten reichlich Möglichkeiten, um körperlich und geistig aktiv zu bleiben.

Kann man auch durch Sport topfit bleiben?

Wer in die Jahre kommt, wird träger. Er verliert an Muskelmasse, die Körperkraft nimmt ab und die Sauerstoffversorgung wird schlechter. Sport beeinflusst die normalen Alterungsvorgänge nicht, eignet sich aber hervorragend dazu, Krankheiten wie Herzinfarkt, Angina pectoris, Altersdiabetes, Osteoporose oder Bluthochdruck vorzubeugen. Sport bewirkt eine Senkung des Blutdruckes und des schädlichen Cholesterins (LDL-Cholesterin). Das als Schutzfaktor gegen Gefäßkrankheiten geltende »gute« Cholesterin (HDL-Cholesterin) wird dagegen erhöht. Sport bewirkt auch eine Reduzierung von Ängsten, Depressionen, Spannungen und macht widerstandsfähiger gegen Stress.

Eine körperliche Betätigung, die der persönlichen Leistungsfähigkeit entsprechen sollte, ist anzustreben. Geeignet sind Wandern, Radfahren, Tanzen, Schwimmen, Gymnastik und Ski-Langlauf.

Schwermetalle

Ihre schädlichen Wirkungen und wie man sich davor schützt

Woher stammen die Schwermetalle, die wir täglich aufnehmen?

Unsere Gesundheit wird von zahlreichen Schadstoffen bedroht. Die Luft, das Wasser, die Böden und die Nahrungsmittel sind unter anderem mit Schwermetallen und Schädlingsbekämpfungsmitteln mehr oder weniger angereichert. Schwermetalle gelangen auch über den Tabakrauch und Pflanzen, die auf belastenden Böden wachsen, in den Organismus. Eine weitere Belastung stellt das Herauslösen von Quecksilber aus Amalgamplomben dar. Quecksilber ist aber auch in Produkten aus belasteten Gewässern, beispielsweise Fischen, enthalten. Platin, das aus Katalysatorabgasen stammt und eingeatmet wird, kann eine Abwehrschwäche auslösen.

In welchen Organen werden Schwermetalle angereichert?

Schwermetalle reichern sich besonders in der Leber, den Nieren, dem Gehirn und den Knochen an.

Welche Nahrungsmittel sind am häufigsten mit Schwermetallen belastet?

Schwermetallhaltig sind vor allem Fische und Innereien sowie Kleie, Konservenwaren, Meerestiere, Tomatenmark, Waldpilze, Wild und Blattgemüse. Auch in Futterkonzentraten für die Tiermast sind oft Schwermetalle enthalten. Auf Kadmium verseuchten Böden sollten Sellerie und Spinat nicht angebaut werden, da diese als Kadmiumsammler gelten.

Welche Beschwerden kann eine Schwermetallbelastung hervorrufen?

Es gibt eine ganze Reihe von allgemeinen Krankheitszeichen, die nicht durch eine akute Vergiftung, sondern durch die ständige Aufnahme von Spuren dieser Stoffe ausgelöst werden. Dazu zählen vor allem Allergien, Appetitlosigkeit, Dauerschnupfen, Depressionen, Energielosigkeit, Gedächtnisschwäche, Gelenkschmerzen, Infektanfälligkeit, Konzentrationsstörungen, Kopfschmerzen, Müdigkeit, Muskelschmerzen, Nervosität, Reizbarkeit, Schlafstörungen, Sehstörungen und Zahnfleischentzündungen. Schwermetalle werden auch verantwortlich gemacht für Zyklus- und Sexualstörungen, für Unfruchtbarkeit und Schwangerschaftskomplikationen.

Welche giftigen Schwermetalle sind Ihnen hauptsächlich als Belastungsfaktoren des Stoffwechsels aufgefallen?

Das sind in der Reihenfolge ihres Atomgewichts:

1. Blei
2. Thallium
3. Quecksilber
4. Platin
5. Kadmium
6. Strontium
7. Arsen

Alle diese Schwermetalle haben bestimmte chemische Eigenschaften, und sie konkurrieren mit Elementen, die der Körper braucht. Beispielsweise konkurriert Blei mit Zink, Thallium mit Phosphor, Quecksilber und Platin mit Selen. Kadmium und Strontium sind chemisch 2-wertig und werden durch Magnesium und Kalzium an der Bindung gehindert. Man könnte sagen, dass die Schwermetalle sich dann binden, wenn im Körper für sie ein »Parkplatz« frei ist. Sind dagegen alle Parkplätze durch eine ausreichende Versorgung mit anderen, den Körper nicht schädigenden Elementen besetzt, so werden die aufgenommenen Schwermetalle sofort wieder ausgeschieden, weil sie sich nicht binden können.

Welche Wirkungen können giftige Spurenelemente einschließlich der Schwermetalle auf den menschlichen Körper haben?

Das ist abhängig vom Stoff und der aufgenommenen Menge.
Die folgende Tabelle gibt eine Übersicht.

Element	Toxische Wirkungen
Arsen	Veränderungen des Erbgutes; Krebs auslösend, vor allem Haut- und Lungenkrebs; Verursachung von Fehlbildungen beim ungeborenen Kind
Blei	Intelligenzminderung; Erhöhung der Ablenkbarkeit und der Zerstreutheit bei Schulkindern; Verringerung des Durchhaltevermögens; Schwächung des Immunsystems; Auslösung von Frühgeburten; Schädigung des Ungeborenen; Verursachung hormoneller Störungen; Herabsetzung der Fruchtbarkeit bei Männern; Beeinflussung des Vitamin D-Stoffwechsels
Kadmium	Schädigung der Nieren; Störung des Kalzium-Phosphat-Stoffwechsels mit vermehrter Bildung von Kalzium-Phosphat-Harnsteinen; Störung des Säure-Basen-Haushaltes (Azidose); Beeinträchtigung des Kupfer- und Zinkstoffwechsels; Schwächung des Immunsystems
Palladium	Vermutlich Beteiligung an Hirnstörungen; Verursachung von Allergien, Depressionen, Ekzemen, Gedächtnisstörungen, Gelenkschmerzen, Kopfschmerzen, Schlafstörungen, Schwindel, Zittern
Platin	Verursachung von Allergien, Hirn- und Nervenschäden; Beeinträchtigung des Immunsystems
Quecksilber	Zell- und Nervengift; Gold, Quecksilber oder auch andere Schwermetalle können Autoimmun-Erkrankungen auslösen, z.B. Diabetes, Multiple Sklerose, rheumatische Erkrankungen
Thallium	Zellgewebs- und Nervengift; Störung der Funktion der B-Vitamine und einiger Enzyme; Schädigung der Haut; Förderung von Haarausfall

Element	Toxische Wirkungen
Radioaktive Elemente	Schädigung des Erbgutes; Auslöser von Krebserkrankungen, z.B. Leukämie, und Fehlbildungen **Radium:** Ähnliches Verhalten im Körper wie Kalzium; vermehrte Einlagerung im Knochen; Auslösung von Knochenmarksveränderungen und Knochenkrebs **Radon:** Verursachung von Lungenkrebs und Leukämie **Weitere radioaktive Elemente** (Strontium, Caesium): Auslösung von Krebserkrankungen und Erbgutveränderungen

Quelle: Daunderer, Max: Gifte im Alltag, C.H. Beck Verlag, München 1995; und Scholz, Heinz: Mineralstoffe und Spurenelemente, Trias Verlag, Stuttgart 1996.

Auf welche Weise kann man Schwermetallbelastungen erkennen?

Es ist der große Vorteil der diagnostischen Elektro-Akupunktur, diese Zusammenhänge sofort erkennbar zu machen. Meist handelt es sich nämlich um Belastungsgrade, die unterhalb jener Schwelle liegen, die als chronische Vergiftung mit typischen Symptomen bezeichnet werden. Man nennt diese geringen Belastungsgrade subklinisch oder subsymptomatisch. Aber sie haben, obwohl sie gering sind, dennoch Folgen im Stoffwechsel, die sich unter anderem in der Förderung einer Radikalenbildung zeigen. Das lässt sich nachweisen.

Wie stark sind Menschen, die viel mit dem Auto unterwegs sind, an verkehrsreichen Straßen wohnen oder die in Labors, in der Schwerindustrie und in Kernkraftwerken arbeiten, mit radioaktiven Elementen und Schwermetallen belastet?

Bei Personen, die beruflich oder privat schädlichen Substanzen vermehrt ausgesetzt sind, wie Berufskraftfahrer, Chemiearbeiter und Menschen, die mit Pflanzenschutzmitteln hantieren, kann man meist auch vermehrte Belastungen mit Folgen erkennen. Belastungen durch radioaktive Stoffe stellte ich gelegentlich in meiner Praxis fest. Eine erhöhte Belastung durch Caesium kam insbesondere dann vor, wenn die Menschen Waldpilze oder Wild gegessen hatten, in einzelnen Fällen auch bei Personen, die nach dem Reaktorunfall in Tschernobyl im Regen unterwegs waren. An radioaktive Belastungen sollte immer dann gedacht werden, wenn das Immunsystem wiederholt geschwächt ist und sonstige Belastungen ausgeschlossen wurden.

Häufig kann man anfangs Belastungen durch Schwermetalle im Test erkennen. Solche Belastungen liegen meist unterhalb eines Bereiches, den man in der Beschäftigung mit Giften (Toxikologie) als bedenklich ansieht und deshalb als subsymptomatisch oder subklinisch bezeichnet. Aber auch solche Minimalbelastungen bleiben auf die Dauer nicht ohne Folgen. Sie erzeugen z.B. vermehrt giftige Radikale, die wiederum Schäden an organischen Strukturen hervorrufen können.

Auch das Trinkwasser spielt bezüglich der Belastung mit Schwermetallen eine Rolle. Welche Erfahrungen haben Sie damit gemacht?

Wasser ist das wichtigste aller Lebensmittel. Trinkwasser aus der Leitung erfüllt nicht immer den höchsten Reinheitsstandard, weil es schwierig ist, genügend chemisch und bakteriologisch einwandfreie Wasserquellen zu finden. Meist muss das Leitungswasser aufbereitet werden. Man kann damit einen offiziell ausreichenden Qualitätsstandard erreichen, aber es ist nicht möglich, geringste Mengen von Schwermetallen und bestimmten anderen Chemikalien, die in das Wasser geraten sind, wieder daraus zu entfernen. Das gilt auch für einige Mineralwässer, die nicht alle eine gute Qualität haben.

Neben Nitraten sind im Leitungswasser vor allem die Schwermetalle Blei, Thallium, Quecksilber, Strontium, Kadmium und Arsen enthalten.

Wie reagieren die Wasserwerke auf Meldungen über Belastungen?

Bei den Wasserwerken sind die Toleranzwerte für chemische Wasserbelastungen offenbar so hoch angesetzt, dass keine Reklamationen vorkommen können.

Was kann man tun gegen Schwermetalle im Trinkwasser?

An früherer Stelle habe ich ausgeführt, dass man diese Grenzbelastungen mittels ausreichender Zufuhr von Mineralien und Spurenelementen neutralisieren kann (s. Seite 26, 82, 92). Es gibt auch bestimmte Wasserfilter, die in der Lage sind, solche Verunreinigungen zu beseitigen. Zu beachten ist, dass nicht alle angebotenen Filter diese Qualitätsnorm erfüllen.

Was kann man tun, um Schwermetallbelastungen zu minimieren? Inwieweit helfen Schutzstoffe?

Zunächst sollten wir für eine saubere Umwelt sorgen. Da dies nicht immer möglich ist, müssen wir auf Schutzstoffe zurückgreifen. Eine Schutzwirkung entfalten inbesondere die Spurenelemente Zink und Selen. Durch sie wird beispielsweise die Bindung der Schwermetalle an Eiweiße verhindert und die Schwermetalle werden ausgeschieden. Auch die antioxidativ wirkenden Vitamine C und E unterstützen die Entgiftung des Körpers bei erhöhter Belastung. Als weitere Maßnahmen sollte man den Verzehr von mit Schwermetallen belasteten Nahrungsmitteln reduzieren. Auch sollte man das Rauchen einschränken oder ganz aufgeben.

Wie ist die Wirkung der Schutzstoffe zu erklären?

Selen bindet Schwermetalle in Form von Metall-Selenid-Proteinkomplexen. Dadurch wird die Konzentration an Schwermetallen reduziert. Zink und die antioxidativ wirkenden Vitamine C und E unterstützen bei erhöhter Schwermetallbelastung die Entgiftungsreaktion des Körpers.

Mängeln und Schwermetallen auf der Spur

Welche Möglichkeiten gibt es, Belastungen durch giftige Schwermetalle nachzuweisen?

Falls Schwermetalle, auch nur in unterschwelligem Ausmaß, sich im Körper befinden, so kann man annehmen, dass sie sich an irgendwelche organischen Strukturen gebunden haben. Denn sie kommen im Körper nicht in elementarer Form vor, sondern nur gebunden an organisches Material, also in Zellen oder Zellelementen. Das führt zu Funktionseinbußen der betroffenen Gewebe und zu vermehrter Radikalenbildung.

Alle Schwermetalle sind mehr oder weniger stark in der Umwelt vertreten. Es kommt also darauf an, ihnen die Möglichkeit einer Bindung zu nehmen und ihre Ausscheidung zu fördern. Die Grade der Belastung lassen sich mit Hilfe der diagnostischen Elektro-Akupunktur erkennen (s. Seite 99, 104).

Auf welche Weise kann man sich ein genaues Bild über die Versorgung mit den notwendigen Nährstoffen machen?

Das ist eine Frage, über die die Mediziner teilweise unterschiedlicher Meinung sind. Die offizielle Medizin bestimmt einen Großteil der Substanzen chemisch im Vollblut oder Blutserum. Dabei erhält man zwar genaue Konzentrationsangaben über viele Stoffe, aber sie geben nur Auskunft über das, was im Blut vorhanden ist. Dagegen sagen die Werte nichts über die Stoffe – notwendige oder giftige – aus, die in Geweben und Organen gebunden sind.

Analysen im Urin lassen erkennen, welche Stoffe über die Nieren ausgeschieden werden. Auch das kann von Bedeutung sein, wenn man wissen möchte, ob der Körper Giftiges ausscheidet oder ob vielleicht solche Stoffe über den Urin verloren gehen, die eigentlich im Körper bleiben sollten. Dazu gehören beispielsweise der Zucker oder bestimmte Mineralien wie Magnesium und Kalium, die im Organismus benötigt werden. Kommen solche Stoffe im Urin vor, weist das auf eine Funktionsschwäche der Nieren hin.

Sehr gebräuchlich in der Orthomolekularmedizin sind die Haar-Mineral-Analysen. Es gibt darüber einige, zum Teil kritische Untersuchungen, die nachweisen, dass zwischen Haaranalysen und Blutanalysen teilweise erhebliche Unterschiede bestehen. Außerdem zeigt sich bei der Haaranalyse nicht die aktuelle Mineralstoffversorgung im Körper, sondern der Zustand, wie er während des Haarwachstums bestanden hat. Und der kann sich schon wieder stark verändert haben.

Eine dritte Möglichkeit bietet die diagnostische Elektro-Akupunktur. Diese Methode hat viele Vorteile gegenüber den beiden vorgenannten. Man erhält Aussagen darüber, ob ein Stoff ausreichend vorhanden ist, wie viel davon jemand eventuell benötigt und welche belastenden giftigen Materialien eine Rolle spielen. Ferner kann ein erfahrener Orthomolekularmediziner feststellen, welche Einflüsse Mängel oder Belastungen auf bestimmte Organe haben und wie Sauerstoffradikale den Betroffenen negativ beeinflussen.

Warum ist es aber bisher so wenig üblich, diesen von Ihnen dargestellten Weg zu gehen?

Dafür gibt es vor allem zwei Gründe:

1. Man muss mit der Methode vertraut sein, eine gewisse Routine haben und sehr exakt arbeiten, weil jede so genannte positive Resonanz eine Aussage über den Gesundheitszustand darstellt.
2. Man muss über genügend Testsubstanzen in Form homöopathisierter Stoffe verfügen, um den Nachweis führen zu können.

Wo kann man erfahren, welche Ärzte nach dieser Methode arbeiten?

Der Test wird BFD-Informations-Test genannt, und die Gesellschaft, in der sich Ärzte, die diese Methode anwenden, zusammengeschlossen haben, heißt BFD – Internationale Ärztegesellschaft für bioelektrische Funktionsdiagnostik und Therapie. Ihr Präsident ist Dr. med. Peter Vill. Ich gehöre zum wissenschaftlichen Beirat der BFD. Die Adresse ist dem Anschriftenverzeichnis zu entnehmen (s. Seite 131).

Die bioelektrische Funktions-Diagnostik (BFD)

Würden Sie einmal erklären, wie der BFD-Informations-Test funktioniert und wo er eingesetzt wird?

Mit dem Test kann sehr genau und abgestimmt auf die betreffende Person festgestellt werden, in welchen Bereichen sich die jeweilige Substanz befindet. Man kann zum Beispiel feststellen, ob die Organe ausreichend mit Magnesium versorgt sind. Das Ergebnis lautet entweder »normal«, wenn alles in Ordnung ist, oder »zu reichlich« oder »zu wenig«; dies jeweils in verschiedenen Stufen, und zwar in Abhängigkeit von der festgestellten Resonanzstufe.

Die folgende Tabelle gibt einen Überblick über einige Untersuchungsmethoden:

Methode	Analysenergebnisse und ihre Aussage
Analyse des Blutserums, Blutplasmas, Vollbluts oder der Blutkörperchen	Zusammen mit anderen Befunden kann aus der Verschiebung der Mineralstoffe eine Diagnose abgeleitet werden. Wichtig ist zu wissen, dass viele Einflüsse wie Stress, Alkohol, Alter, Biorhythmus, Sport oder Schwangerschaft den Gehalt an Mineralstoffen im Blut und Serum verändern können. Mittels spezieller Methoden können im Vollblut oder Serum freie Radikale bestimmt werden.
Analyse des Speichels	Es gibt standardisierte Kaugummitests zur Bestimmung des täglichen Quecksilberabriebs aus Amalgamfüllungen.
Urin-Mineralstoff-Analyse (UA)	Sie wird eingesetzt zur Überwachung der Krankheitsbehandlung; bei Gabe von Schwermetallbindern (Chelate) wird festgestellt, ob lebenswichtige Elemente ausgeschieden werden.
Haar-Mineralien-Analyse (HMA)	Die HMA gibt Auskunft, ob Mineralien fehlen oder zu viele vorhanden sind und ob giftige Elemente vorliegen. Sie kann Blutuntersuchungen nicht ersetzen, jedoch sinnvoll ergänzen.

Methode	Analysenergebnisse und ihre Aussage
Wasser-Mineralstoff-Analyse	Hier können alle lebenswichtigen und giftigen Metalle, ferner der Chlorid-, Sulfat-, Nitrat- und Nitritgehalt, der pH-Wert und die Härte bestimmt werden. Empfehlenswert ist der Test besonders bei Bezug von Trinkwasser aus dem eigenen Brunnen oder aus alten Wasserleitungen.
Bioelektrische Funktions-Diagnostik	Sie ermittelt Organschwächen, Schwermetallbelastungen, radioaktive Belastungen, Mangelzustände, freie Radikale und Nährstoff-Dosierungen.

Das hört sich zunächst kompliziert an. Wie spielt sich eine solche Testung in der Praxis ab?

Über eine Handelektrode wird der Testperson ein sehr schwacher Gleichstrom von 10 Mikro-Ampere zugeleitet. Dieser erfährt im Körper der Testperson, entsprechend dem Ohmschen Gesetz, einen Widerstand. An bestimmten Akupunktur-Punkten der anderen Hand, den Endpunkten der Yang-Meridiane, kann man die Grade des Widerstandes erkennen, indem man die Punkte mit einem Testgriffel abgreift. Hier kommen also nicht 10 Mikro-Ampere an, sondern infolge des Körperwiderstandes deutlich weniger.

Welche Bedeutung hat das?

Zunächst ist dem keine besondere Bedeutung beizumessen. Aussagekräftig wird das Testverfahren erst, wenn man dem Messgleichstrom eine bestimmte »Information« aufprägt. Man kann den Messgleichstrom mit einer Substanz verändern, sodass er nicht mehr neutral ist. Der ursprünglich gemessene Widerstand bei der Testperson ändert sich. Er kann erhöht oder erniedrigt sein oder auch gleich bleiben.

Soll das heißen, dass man über verschiedene dem Mess-Strom aufgeprägte Informationen Rückschlüsse auf Krankheiten ziehen kann?

Ja, das ist wirklich der Fall, und darauf beruhen der BFD-Informations-Test und auch andere Akupunktur-Testverfahren.

Das ganze Verfahren ist ein Frage- und Antwortspiel. Die Testsubstanz wird dabei so lange variiert, bis sich eine so genannte positive Resonanz zwischen der Testsubstanz und der Testperson einstellt. Eine positive Resonanz ist dann gegeben, wenn der Widerstand 4 Mikro-Ampere, das entspricht 225 Kilo-Ohm, anzeigt. Am Gerät kann man dies am Zeigerausschlag erkennen und mittels eines Tones hören. 4 Mikro-Ampere entsprechen dem Skalenwert 40. Bei jeder Messung wird versucht, genau diesen Resonanzwert zu erhalten.

Welche Testsubstanzen setzen Sie ein?

Man kann entweder die essentiellen Körperkonstituenten in verschiedenen Dosierungen, etwa Vitamine, Mineralien, Spurenelemente und Aminosäuren, auf Dosis und Verträglichkeit austesten, aber auch chemische Stoffe, wie Medikamente gegen Bluthochdruck, auf ihre richtige Dosis und Verträglichkeit. Falls sich bei einem chemischen Mittel eine positive Resonanz ergibt, so kann man davon ausgehen, dass die Testperson es verträgt und die getestete Substanz in aller Regel auch nicht schädlich ist.

Sehr aufschlussreich sind auch Resonanzergebnisse von homöopathisierten Testsubstanzen, und zwar je nachdem, in welcher homöopathisierten Verdünnungsstufe sie eine positive Resonanz aufweisen. Hierzu habe ich eine Bewertungsskala nach verschiedenen Verdünnungsstufen aufgestellt, die anzeigt, welche Aussage mit der jeweiligen Resonanzstufe verbunden ist. Das ist sehr wichtig, weil man über das Resonanzergebnis erkennen kann, ob die betreffende Substanz, sei es ein Vitamin, ein Spurenelement oder ein anderer essentieller Stoff, ausreichend vorhanden ist oder ob sie bis zum Erreichen der normalen Resonanzstufe zugeführt werden sollte.

Wenn man erkennen möchte, ob und in welchem Grad Organe geschädigt sind, so bietet sich an, sie jeweils in homöopathisierter Form einzutesten. Dazu bietet beispielsweise die Firma Wala eine komplette Skala von Organen an, die man nach ihrem Resonanzergebnis bewerten kann.

Können Sie beispielsweise den Testvorgang bei einem Menschen mit Magnesiummangel beschreiben?

Normalerweise erhalte ich mit einer homöopathisierten Substanz, das ist eine stark verdünnte Testsubstanz von Magnesium, eine Resonanz bei D12. Tritt die Resonanz erst bei D 200 auf, heißt das, dass ein deutlicher Magnesiummangel besteht. Nun ermittle ich den Bedarf an Magnesium, indem ich schrittweise ein Magnesiumpräparat in den Testkreis gebe (das heißt auf die Wabe lege), und zwar so lange, bis wiederum eine positive Resonanz auftritt. Nehmen wir an, bei drei Tabletten tritt eine positive Resonanz auf. Dann gebe ich wiederum die vorher festgestellte homöopathisierte Test-Ampulle (D 200) dazu und erhalte keine Resonanz mehr, weil ich mit der getesteten Menge von drei Tabletten des Magnesiumpräparates einen Zustand im Körper simuliere, der einer ausreichenden Versorgung an Magnesium entsprechen würde.

Nun suche ich die neue Resonanzstufe für das homöopathisierte Magnesium zusammen mit der Magnesium-Dosis und erhalte jetzt eine Resonanz bei Magnesium D 12. Das heißt, der Betroffene ist mit drei Tabletten ausreichend mit Magnesium versorgt. Er bekommt nun ein Magnesiumpräparat verordnet mit der getesteten Dosisempfehlung (drei Tabletten), um den Mangel zu beseitigen.

Ist das Vorgehen bei anderen Mängeln oder Belastungen mit giftigen Substanzen genauso?

Ja, soweit die fraglichen Substanzen in homöopathisierter Form vorhanden sind. Aber man kann auch umgekehrt auf diese Weise nach giftigen (toxischen) Substanzen fragen. Dabei sollte natürlich die Resonanzstufe für sie sehr hoch ausfallen, mindestens bei D 60.

Demnach ist also eine positive Resonanz bei der Testung je nach Fragestellung immer gleichzeitig auch eine Aussage zum Gesundheitszustand?

Ja, das stimmt. Aber im Gegensatz zu den Werten einer Blutanalyse gibt der Test nur halbquantitative (semiquantitative) Auskünfte in stufenweisen Schritten von »reichlich« über »normal«, »mangelnd« bis »fehlend«. Das reicht meist, um daraus auf mögliche Erkrankungen und die Behandlung von Mängeln oder Krankheitszeichen schließen zu können. Ein Vorteil ist zudem, dass man auf diese Weise schnell und ohne großen Aufwand viele Aussagen zu dem Vorliegen verschiedener Stoffe machen kann.

Bekanntlich spielt bei vielen Störungen das Immunsystem eine sehr wichtige Rolle und sollte deshalb intakt gehalten werden. Haben Sie die Möglichkeit, es im BFD-Informations-Test zu beurteilen, und wie gehen Sie dabei vor?

Das Immunsystem zu beurteilen ist möglich, da für seine Hauptbestandteile Testsubstanzen zur Verfügung stehen, mit denen die Menge im Körper der Testperson festgestellt werden kann. Die Werte sollten immer im Normalbereich liegen. Das ist aber bei verschiedenen Erkrankungen nicht der Fall.

Alle Immunsubstanzen werden anfangs im Knochenmark und im Thymus gebildet, einer Drüse hinter dem Brustbein, die sich im Kindesalter zurückentwickelt. Um einen Überblick über die Funktion des Immunsystems zu erhalten, teste ich zunächst das Interferon, für das es eine Testsubstanz gibt. Interferon ist ein wichtiger Bestandteil des Immunsystems. Es wirkt gegen Viren und wird auch bei Tumorkrankheiten eingesetzt. Der Interferon-Wert gibt eine annähernde Auskunft über den Zustand der T-Lymphozyten, einer bestimmten Sorte weißer Blutkörperchen, die unter anderem das Interferon produzieren.

Sodann stelle ich fest, ob bestimmte Antikörper, die Gamma-Globuline und das Immunglobulin A, unversehrt sind. Als Drittes wird das retikulo-endotheliale System (RES) getestet. Es spielt als oberste Barriere gegen Immunschädlinge, als Produzent von Abwehrstoffen (Interleukin 1) und für die Aktivierung von weißen Blutkörperchen (B- und T-Lymphozyten) eine sehr wichtige Rolle. Wenn alle drei Parameter nicht in Ordnung sind, muss man das Knochenmark austesten, um festzustellen, ob bereits an der Quelle ein Defekt vorhanden ist, der weitere Defekte nach sich zieht.

Es erfordert eine gewisse Erfahrung und Kenntnisse über mögliche schädliche Faktoren und die Möglichkeiten der Stimulierung der körpereigenen Abwehr, um die schädigenden Einflüsse schrittweise auszuschalten und das Immunsystem zu verbessern. Anschließend sollte die Funktion des Immunsystems häufig kontrolliert werden.

Kurzum: Es ist ein wichtiges und unter Umständen schwieriges Gebiet, das die Testmedizin hier anbietet.

Auf welche Weise kann der Belastungsgrad durch freie Radikale festgestellt werden?

Für die konventionelle Medizin ist es schwierig und aufwendig, die Belastung durch freie Radikale festzustellen. Mittels der BFD-Informations-Testung gibt es aber einen relativ einfachen Weg, die Belastungsgrade festzustellen. Hierfür werden die Resonanzen für drei Parameter bestimmt:

1. Da ist zunächst das Carcinominum. Der Name suggeriert zwar einen Bezug zu Krebserkrankungen, dem ist aber nicht so. Die Testampulle Carcinominum von D4 bis D1000 enthält 57 Organ-Degenerations-Nosoden. Das sind aus Organen gewonnene Substanzen für die Testung. Damit wird ein Großteil der Organe erfasst, die von freien Radikalen beeinträchtigt werden können.
2. Die Test-Ampulle DNA, also für die Erbsubstanz, in der Potenzierung von D6 bis D200 zeigt mit ihrem Resonanzergebnis an, in welchem Ausmaß die sehr empfindliche Erbsubstanz durch Sauerstoffradikale beeinträchtigt ist.
3. Die Äpfelsäure, das Acidum malicum, ist eine Dicarbonsäure. Das heißt, sie enthält am Molekül-Ende jeweils eine COOH-Gruppe. Wenn Radikale in ein Gewebe eindringen und auf Zellen stoßen, zerstören sie die in ihnen enthaltenen essentiellen Fettsäuren und zerlegen sie in Bruchstücke. Eines dieser Bruchstücke ist die Äpfelsäure, sodass ein hoher Wert festgestellt werden kann, wenn die Zellmembran von freien Radikalen angegriffen wird.

Es hat sich herausgestellt, dass die Testwerte dieser drei Parameter eine verlässliche Auskunft über die Belastung oder auch die Nichtbelastung durch Radikale sind. Dies lässt sich auch dadurch eindeutig beweisen, indem man die Radikalenfänger Vitamin E und Vitamin C in ausreichender Menge dazu eintestet und dann für alle drei Größen eine wesentliche Besserung bis hin zur Normalisierung erhält.

Welche Bedeutung hat dieser Test, und wann wenden Sie ihn an?

Bei jedem Patienten werden anfangs diese drei Parameter bestimmt. So gewinne ich einen Eindruck über seine Gesundheitssituation. Inzwischen sind die Ergebnisse von annähernd 500 Patienten, die zum Teil über Jahre bei mir in Behandlung waren, dokumentiert worden.

Fallen die Werte schlecht aus, muss nach den Gründen gesucht werden. In den allermeisten Fällen zeigen sich bei Menschen mit schlechten Radikalenwerten auch Mängel an essentiellen Körperkonstituenten, toxische Belastungen, chronische Entzündungen und radioaktive Belastungen. Vor allem Krebspatienten weisen für das Immunsystem schlechte Werte auf.

Wenn Sie keine ausreichenden oder sogar schlechte Ergebnisse vorfinden, wie gehen Sie weiter vor, um dafür die Ursachen, Folgen und Behandlungsmöglichkeiten festzustellen?

Aus einem schlechten Testergebnis, das auf einen erhöhten Radikalenanfall hinweist, ergeben sich mehrere Fragen, die man weiter zu klären versucht:

1. Welche Abweichungen führen bei der betroffenen Person zur Radikalenbildung. Sind es toxische Schwermetallbelastungen oder Mängel an bestimmten Körperkonstituenten (Vitamine, Mineralien, Spurenelemente)?
2. Bestehen vielleicht chronische Entzündungen?
3. Besteht eine Stoffwechselkrankheit, beispielsweise Diabetes?
4. Ist eine Krankheit bekannt, die die Radikalenbelastung erklären würde, beispielsweise Gelenkrheuma?
5. Ist der Betreffende beruflich oder privat vermehrt giftigen Belastungen ausgesetzt, wie z.B. Pflanzenschutzmitteln?

Auf diese Weise, die hier nur angedeutet werden kann, wird versucht, die Ursachen für die vermehrte Radikalenbildung zu finden und sie zu beseitigen. Wenn es gelingt, solche möglichen Ursachen auszuschalten, sollten sich die Testergebnisse deutlich verbessern.

Man kann bei Bedarf auch zusätzlich Radikalenfänger in den Messkreis bringen und auf diese Weise die Ergebnisse verbessern. Jedenfalls sollte immer angestrebt werden, freie Radikale zu reduzieren, um durch sie verursachte Schäden zu vermeiden.

Konnten Sie bei Ihren Untersuchungen gehäuft auftretende Ursachen für die Erhöhung der Radikalenaktivität erkennen?

In Fällen erhöhter Radikalenaktivität fand ich regelmäßig auch Belastungen durch giftige Schwermetalle. Schwermetalle sind in unserer

Umwelt immer in geringer Menge vorhanden. Wenn sie auf irgendeine Weise vom Menschen aufgenommen werden, binden sie sich an Eiweiße. Das hat zur Folge, dass diese Eiweiße abgebaut werden, Funktionseinbußen erleiden und eine weitere Radikalenbildung fördern.

Beispiele aus der Praxis

Müdigkeit und Erschöpfung

Fallbeispiel

Ein junger Mann (Jahrgang 1970) kommt in meine Praxis. Er erzählt, dass er bis zum 23. Lebensjahr fit, aktiv und gesund war. Dann begann sich sein körperliches Befinden langsam, aber stetig zu verändern. Er leidet seit jener Zeit unter leichter Ermüdbarkeit und geistiger Erschöpfung. Er fühlt sich schlapp und hat wenig Lust für Unternehmungen. Auch leidet der Mann unter einem großen Schlafbedürfnis. Eine Besserung verspürt er nur, wenn er Kaffee trinkt. Nach einiger Zeit stellt sich jedoch wieder die unerklärliche Müdigkeit ein. Die bisherigen Untersuchungen bei verschiedenen Ärzten ergaben kein organisches Leiden, er hat jedoch einen etwas erniedrigten Blutdruck.
Ich untersuche den Patienten und ermittele einen Mangel an Magnesium, Kalzium, Phosphor, Zink und Kobalt. Außerdem stelle ich eine Belastung mit freien Radikalen fest. Deshalb verordne ich dem jungen Mann die fehlenden Mineralstoffe, Rein-Lecithin und die Radikalenfänger Vitamin C, Viamin E und Coenzym Q10. Bei der Nachuntersuchung nach sechs Wochen hat sich sein Zustand deutlich gebessert.

Depressionen und fehlende Energie

Fallbeispiel

Eine 52-jährige Lehrerin leidet unter Energielosigkeit, Depressionen und Angstzuständen. Vor einigen Jahren wurde bei ihr ein gutartiger Schilddrüsentumor (Schilddrüsenadenom) mit radioaktivem Jod behandelt. Außerdem bekam die Frau Valium zur Beruhigung. Inzwischen hat sich schon eine Valiumabhängigkeit entwickelt.
Die Untersuchung ergibt einen Mangel an bestimmten Mineralstoffen und eine hohe Radikalenbelastung. Nach Einnahme der fehlenden Mineralstoffe und Radikalenfänger haben sich nach sechs Wochen alle Werte bis auf Zink und Silizium normalisiert. Bei einer weiteren Nachuntersuchung klagt die Frau über Magen-Darm-Beschwerden und Erschöpfung. Die erneute Austestung ergibt wiederum die schlechten Werte der ersten Untersuchung. Die Lehrerin erklärt, sie

habe sämtliche verordneten Stoffe weggelassen, weil sie sich zwischenzeitlich wieder wohl fühlte.

Der geschilderte Fall zeigt eindeutig, dass die fehlenden Stoffe laufend und über einen sehr langen Zeitraum eingenommen werden müssen. Besonders dann, wenn die Lebensumstände und die Ernährungsgewohnheiten nicht geändert werden!

Durchfall und gestörte Darmflora

Fallbeispiel

Einige Zeit nach einer Antibiotikabehandlung, die ein Patient infolge einer Entzündung nach einer Weisheitszahnentfernung erhielt, spielt der Dickdarm verrückt. Der Betroffene wird von starken Blähungen und Durchfall geplagt und muss mehrere Male am Tag die Toilette aufsuchen. Auch die vom Arzt verordneten Pillen zur Darmsanierung helfen wenig. Eine Untersuchung mit Hilfe der bioelektrischen Funktions-Diagnostik ergibt, dass diese Pillen nicht optimal wirken konnten, weil sie viel zu niedrig dosiert waren. Ein anderes Mittel mit einer komplexeren Zusammensetzung von Darmbakterien und Vitaminen ergibt im Test eine bessere Wirkung. Außerdem verordne ich Vitamin E. Diese Mittel stoppen den Durchfall schon nach drei Tagen.

Zur Darmflora und ihrer Wichtigkeit für die Gesundheit einige Fragen an Dr. Busse:

Was überprüfen Sie bei einer gestörten Darmflora?

Der Darm spielt bei der Abwehr eine wichtige Rolle. Wenn die normale, physiologische Darmflora von krank machenden (pathologischen) Keimen überwuchert oder verdrängt wird, ist meist auch die Abwehr beeinträchtigt. Statt Stuhlproben an ein Institut einzuschicken, kann man einen Eindruck von der Situation der Darmflora auch dadurch erhalten, dass man die Peyerschen Plaques überprüft, denn sie reagieren empfindlich auf eine Fehlbesiedlung des Darms. Die Peyerschen Plaques sind Ansammlungen von Lymphgewebe, die hauptsächlich im unteren Dünndarm vorkommen. Durch die Verabreichung von Medikamenten zur Normalisierung der Darmflora bessern sich sowohl die Peyerschen Plaques wie auch andere Immunparameter.

Häufig spielt eine gestörte Darmflora, die man Dysbakterie oder Dysbiose nennt, auch eine Rolle bei einer Reihe von Krankheitszeichen und Heilungshindernissen. Wie erkennen Sie solche Störungen und was setzen Sie zur Behandlung ein?

Die Störung der Darmflora ist weit verbreitet und spielt eine große Rolle bei der Entstehung von vielen chronischen Erkrankungen. Bei jüngeren Menschen ist sie oft die Folge vorangegangener (häufiger) Behandlungen mit Antibiotika wegen einer Abwehrschwäche, deren Ursache wiederum zum Teil auf der gestörten Darmflora beruht. Bei älteren Menschen ist selten eine völlig gesunde Darmflora vorhanden. Man nennt das eine Altersdysbiose.

Meist wird eine Stuhlprobe in ein Labor eingeschickt, um einen Befund »schwarz auf weiß« zu erhalten. Das ist aber nicht immer notwendig, weil man über Testungen ebenfalls leicht feststellen kann, ob die Darmflora normale oder mehr oder weniger pathologische Keime enthält. Das geschieht auf folgende Weise: Man testet, ob die Peyerschen Plaques normal sind oder eine chronische Belastung anzeigen. Immer wenn eine Dysbakterie vorliegt, bekommt man ein pathologisches Ergebnis. Eine weitere Kontrolle ergibt erhöhte Testwerte für Indikan und Skatol als Produkte einer Darmdysbiose, die ebenfalls anzeigen, dass die Darmflora krankhaft verändert ist.

Zur Behandlung kann man verschiedene Präparate einsetzen, die die pathologische Darmflora beseitigen und eine physiologische aufbauen. Dazu eignen sich verschiedene Präparate, die die normalen Keime enthalten. Das Behandlungsergebnis muss man wiederum von Zeit zu Zeit kontrollieren. Vor allem aber sollte sich auch eine Verbesserung der Immunparameter ergeben, weil der Darm hierbei eine der Hauptrollen spielt.

Ist demnach bei einer gestörten Darmflora auch immer mit einer Beeinträchtigung des Immunsystems zu rechnen?

Das ist tatsächlich meistens der Fall. Wenn beispielsweise ein Infekt mit bestimmten Antibiotika behandelt wird, was durchaus notwendig sein kann, dann wird durch die Antibiotika häufig auch die normale Darmflora geschädigt, oder krank machende Keime, die durch jene Antibiotika nicht beeinträchtigt werden, können sich ausbreiten. Die Folge ist eine Dysbakterie beziehungsweise eine Dysbiose. Wenn nun die normale Darmflora nicht wieder aufgebaut wird, kann man infolge der durch die Darmdysbiose geschwächten Abwehr beobachten, dass es immer wieder zu neuen Infekten kommt. In solchen Fällen sollte man das Immunsystem dadurch stärken, dass man nach der Antibiotika-Therapie einen Wiederaufbau der normalen Darmflora anstrebt.

Schwaches Immunsystem

Fallbeispiel

Ein Mann rutscht von einer Erkältung in die nächste. Kein Mittel hilft, sein schwaches Immunsystem aufzupäppeln. Die Untersuchung ergibt eine radioaktive Belastung mit Immunschwäche, obwohl der Betroffene alle möglichen Vitamine einnimmt. Bei der Suche nach der Ursache fällt schließlich eine sehr hohe Belastung mit Caesium auf. Alle Elektrolyte sind im normalen Bereich, außer Kupfer. Im BFD-Test normalisieren sich alle Immunparameter, sobald Kupfer in den Messkreis gebracht wird. Ich verordne die Einnahme von täglich 4 Tabletten Kupferorotat. Bei der erneuten Testung nach einigen Wochen sollte sich der Kupferwert normalisiert haben und die Beschwerden des Patienten verschwunden sein.

Wie stellen Sie bei Ihren Patienten eine Immunschwäche fest, und welche Ursachen führen dazu?

Es kommt immer wieder vor, dass Patienten unter einer Infektanfälligkeit leiden und ihre Infekte nur langsam heilen. In solchen Fällen liegt die Ursache in einer Schwäche ihres Immunsystems. Weil nunmehr verschiedene Immunparameter nicht mehr stimmen, kann man Defekte leicht feststellen. Eine Behandlung ist nur effektiv, wenn die Ursache für die Schwächung ermittelt wird. In den meisten Fällen ist ein Mangel an Vitalstoffen oder eine Belastung mit giftigen Substanzen schuld an einem schwachen Immunsystem. Auch die Besiedlung des Darms mit krank machenden Keimen kann eine Rolle spielen (s. Seite 109). Eine völlige Darmsanierung ist dann unumgänglich. Auch ein chronischer Entzündungsherd, wie eitrige Mandeln oder Entzündungen im Zahn-Kiefer-Bereich, beeinflusst das Immunsystem negativ.

Es ist insgesamt nicht ganz einfach, dieses Ineinandergreifen von Ursachen und Wirkungen zu entwirren, wie sich aus der kurzen Darstellung ersehen lässt. Besonders wichtig ist es, bei Krebsleiden das Immunsystem in einen optimalen Zustand zu bringen, es also zu stärken.

Immunstimulanzien gibt es viele, die jeweils im Einzelfall ausgetestet werden müssen (s. Tabelle Seite 84 f.). Aber bei allem spielt die wichtigste Rolle, dass das Knochenmark als Wiege aller Immunparameter unbelastet ist, dass kein Mangel an essentiellen Stoffen besteht und keinerlei Belastungen durch giftige Substanzen vorliegen. Man kann dann davon ausgehen, dass sich die Folgen einer Immunschwäche bessern.

Cholesterin, Arteriosklerose und Schlaganfall

Fallbeispiel

Erhöhte Cholesterinwerte, Arteriosklerose

Ein 55 Jahre alter Pharmareferent kommt in die Praxis und klagt über ein Engegefühl in der Brust, das sich besonders nach Belastungen und Aufregungen bemerkbar macht. Durch Befragung erfahre ich, dass er 20 Zigaretten am Tag raucht und in letzter Zeit immer öfter Ärger mit seinem Chef hatte. Er hielt ihm vor, dass jüngere Kollegen größere Umsätze erzielen würden. Durch den ständigen Leistungsdruck, so seine Meinung, würde er unter Stress-Symptomen leiden. Wie er betonte, wurden bei ihm schon ein erhöhter Blutdruck und erhöhte Cholesterinwerte ermittelt. Bei der Schilderung des Schmerzes kommt heraus, dass dieser oben in der Mitte des Brustkorbes auftritt und in Schulter, Arme, Nacken und Kiefer ausstrahlt. Eine Untersuchung mit HIlfe der BFD ergab einen erheblichen Mangel an den Mineralstoffen Magnesium, Vitamin E und Coenzym Q10. Ich rate ihm zu einer Herz-Kreislauf-Untersuchung bei einem Facharzt, dann etwas kürzer zu treten, mit dem Rauchen aufzuhören, die blutdrucksenkenden Medikamente auf jeden Fall weiter einzunehmen, sich viel zu bewegen (nach Abklärung beim Internisten) und die fehlenden Mineralstoffe zuzuführen.

Viele Menschen haben erhöhte Cholesterinwerte. Da Cholesterin bekanntlich die Entstehung von Gefäßverkalkung fördert, muss ein erhöhter Wert behandelt werden. Gibt es Möglichkeiten, Cholesterin auf natürliche Weise mit Nährstoffen abzusenken?

Das ist möglich. Ich verordne in solchen Fällen entweder Lecithin-Granulat in einer Dosis, die eine Resonanz ergibt. Das sind meist zwischen 1 und 3 Teelöffel, manchmal auch mehr. Oder ich teste essentielle

Fettsäuren dazu. Dafür bietet sich an, entweder ein Präparat mit Omega-3-Fettsäuren in Form von Lachsöl (3 bis 5 g) zu probieren oder einen fettsäurehaltigen Lebertran in Kapselform, ebenfalls in Dosen zwischen 3 und 6 g, einzutesten und die Absenkung des Cholesterins damit zu überprüfen.

Beide Substanzen haben neben der Cholesterinsenkung noch weitere günstige Wirkungen. Omega-3-Fettsäuren können beispielsweise den Herzrhythmus normalisieren, indem sie Extrasytolen unterdrücken. Lebertran enthält neben den Fettsäuren auch alle Spurenelemente, die bekanntlich sehr häufig fehlen. Aber da er auch Jod enthält, ist er weniger geeignet für Menschen, die jodempfindlich sind und mit einer Schilddrüsenüberfunktion reagieren.

Die Schulmedizin wendet zur Cholesterinsenkung Präparate aus den Statingruppen an. Sie unterbinden die Bildung von Cholesterin in der Leber und führen auf diese Weise zu einer Cholesterin-Absenkung. Da sie aber auch die Herstellung anderer Substanzen in der Leber hemmen können, sind sie bei Menschen mit Leberschäden weniger geeignet, worauf auch in den Beipackzetteln unter Nebenwirkungen meist hingewiesen wird.

Somit lässt sich Ihre Frage dahingegehend beantworten, dass es neben diätetischen auch natürliche Möglichkeiten gibt, hohe Cholesterinwerte zu behandeln.

Warum verordnen Sie zur Arteriosklerose-Vorbeugung die Vitamine B_6, B_{12} und Folsäure? Warum ist diese Kombination so wichtig?

Bekanntlich stellen erhöhte Cholesterinwerte, besonders beim LDL-Cholesterin, ein Risiko für die Entstehung einer Arteriosklerose dar. Aber man findet Schädigungen der Blutgefäße auch bei normalen Blutfettwerten. Die Ursachen dafür hat man in den letzten Jahren erkannt. Es kann nämlich auch der Mangel an den Vitaminen B_6, B_{12} und an Folsäure eine Rolle spielen.

Im Organismus besteht ein gleitender Ausgleich zwischen den beiden Aminosäuren Methionin und Cystein, indem die erstere in die zweite umgewandelt wird. Das geschieht über einige Zwischenstufen, wobei auch Homocystein entsteht. Homocystein ist eine Gefäß schädigende Substanz, die Arteriosklerose fördert. Es sind die Vitamine B_6, B_{12} und Folsäure, die dafür sorgen, dass die Umwandlung des Methionins in Cystein nicht auf dieser schädlichen Zwischenstufe stehen bleibt und vermehrt anfallendes Homocystein Schäden an den Gefäßen anrichten kann. Den Bedarf an allen drei Vitaminen kann man testen und je nach Ergebnis auch ergänzen.

Gibt es wirksame orthomolekulare Medikamente und sonstige Maßnahmen, die man zur Schlaganfallvorbeugung anwenden kann?

Das ist ein weites, viel diskutiertes Gebiet. Die wichtigste Maßnahme ist selbstverständlich, einen bestehenden Bluthochdruck zu behandeln. Er sollte medikamentös möglichst unter ein Niveau von 160 zu 90 unter Ruhebedingungen gesenkt werden. Das ist ganz besonders wichtig bei Menschen, deren Eltern oder Großeltern bereits an einem Schlaganfall (Apoplex) erkrankt waren, da bei ihnen eine besonders hohe Gefährdung anzunehmen ist. Aber darüber hinaus sind Menschen mit bestimmten Stoffwechselanomalien ebenfalls gefährdet. Das sind einmal zu hohe Blutfettwerte, besonders des Cholesterins, sowie eine Neigung zu oder das Vorhandensein von Diabetes. Ferner ist deutliches Übergewicht ein Risikofaktor. Blutdrucksteigerungen können übrigens auch durch eine Nierenerkrankung verursacht werden.

Alle diese Faktoren sollten beachtet und behandelt werden. Außerdem spielt natürlich die Ernährung eine wichtige Rolle bei der Schlaganfallvorbeugung. Dazu zählt das Vermeiden größerer Mengen tierischer Fette in Wurst und Fleisch zugunsten pflanzlicher Öle, etwa Olivenöl, Sonnenblumenöl, Distelöl, Weizenkeimöl oder pflanzlicher Margarine statt reichlich Butter.

Krebserkrankungen

Fallbeispiel

Ein 65-jähriger Mann schildert seine Beschwerden beim Wasserlassen. Besonders unangenehm ist das oftmalige Harnlassen in der Nacht. Die Abstände werden immer kürzer, der Harnstrahl immer mehr vermindert. Er hat seine Prostata schon einmal untersuchen lassen und es wurde eine geringfügige Vergrößerung festgestellt. Ich kläre den Patienten darüber auf, dass bei fortgeschrittenem Leiden oft nur eine Operation hilft und – wenn nichts unternommen wird – eine bösartige Geschwulst entstehen kann.

Ich rate ihm zur regelmäßigen Vorsorgeuntersuchung und zur Bestimmung des PSA-Wertes. Weitere Maßnahmen: Ernährungsumstellung (Vollwertkost, mit viel frischem Gemüse, Obst, Getreide) und Einnahme eines Phytotherapeutikums (jüngeren Patienten empfehle ich schon ab dem 40. Lebensjahr die Einnahme von Kürbiskernen und Pollen).
Ergibt die BFD-Testung einen Mangel an bestimmten Stoffen, so müssen diese ergänzt werden. Auch nach Operationen ist dies wichtig, da oft die Chemotherapie mit Bestrahlung eine Schwächung des Immunsystems verursacht.

Worauf soll man achten, um sich vor einer Krebserkrankung schützen zu können?

Es gibt Beobachtungen, dass es in bestimmten Familien eine erhöhte Gefährdung für Krebserkrankungen geben kann. Deshalb sollte man in solchen Fällen immer eine besondere Aufmerksamkeit auf die Abwehrkräfte legen. Dies trifft beispielsweise auf Frauen zu, deren Mütter oder Schwestern Brustkrebs hatten. Regelmäßige Vorsorge-Untersuchungen sind in solchen Fällen besonders wichtig.

Bei Männern ab der Lebensmitte kann Prostatakrebs eine erhöhte Gefährdung darstellen. Deshalb empfiehlt sich auch hier immer eine Vorsorge-Untersuchung und eventuell zusätzlich eine Blutuntersuchung zur Bestimmung des PSA-Wertes (Prostata-spezifisches Antigen), der beim Prostatakrebs stets erhöht ist. Aber auch andere, immer wieder auftretende Beschwerden, besonders im Magen-Darm-Trakt, sollten Anlass sein, sich einer klärenden Untersuchung durch den Hausarzt oder einen Spezialisten zu unterziehen.

Insgesamt ist die Krebsvorbeugung und Früherkennung eine der wichtigsten Aufgaben der Ärzte. Im Zentrum des Abwehrgeschehens steht immer ein intaktes und leistungsfähiges Immunsystem, um eine sich anbahnende Leistungsschwäche zu beheben.

Es heißt, ein Drittel aller Krebserkrankungen seien ernährungsbedingt. Welche Nahrungsmittel gelten als Krebs fördernd, welche schützend vor Krebs? Gibt es Schutzstoffe, die helfen, eine Krebserkrankung abzuwehren oder zu verhindern?

Über diese Frage wird viel diskutiert, ohne dass man darüber Endgültiges und Absolutes weiß, weil Krebs ein vielschichtiges Phänomen ist. Es gibt aber bestimmte Faktoren, die sehr wahrscheinlich eine Krebsentstehung fördern. Dazu gehören das Rauchen (Bronchialkrebs), fette Speisen (Darm- und Brustkrebs), bestimmte chemische Gifte und Radioaktivität. Letzten Endes sind es immer solche Einflüsse, die auch das Immunsystem schwächen und freie Sauerstoffradikale als schädigende Stoffe im Übermaß hervorbringen.

Generell lässt sich sagen, dass alles, was das Immunsystem schwächt und somit die Abwehr behindert, auch eine potentielle Gefährungsquelle für Krebs darstellt. Und umgekehrt, dass alle das Immunsystem stärkenden Maßnahmen vor Krebs schützen können. Hierbei spielen die Stoffe eine Hauptrolle, die vermehrt freie Radikale erzeugen und damit verschiedene Schäden auslösen. Umgekehrt sind Schutzstoffe gegen freie Radikale auf zweifache Weise günstig: Sie neutralisieren freie Radikale und behindern deren Entstehung und sie schützen die Angriffsziele der freien Radikale.

Daraus ergibt sich, dass man neben einer gesunden Lebensweise, das heißt dem Vermeiden von schädlichen Einflüssen, einer Stärkung des Immunsystems und der Vermeidung beziehungsweise Ausheilung von Viruserkrankungen, von denen bestimmte Krebs fördernd sein können, offenbar zunächst nichts weiter tun kann. Jedoch ist es wichtig, den Körper ausreichend mit allen Stoffen zu versorgen, die die Gesundheit stabilisieren. Hierzu gehören neben ausreichenden Mengen der wichtigen Vitamine E und C auch Beta-Carotin sowie Gemüse und Obst, die Pflanzenfarbstoffe enthalten.

Der Entstehung von Krebs geht immer eine Veränderung an der Erbsubstanz DNA voraus. Diese wird meist durch Sauerstoffradikale und eine verminderte körpereigene Reparaturfähigkeit ausgelöst. Es kann aber auch sein, dass ein bestimmtes Gen (p53), das entstehende Krebszellen erkennt und den Schaden sofort wieder beseitigt, angeboren fehlt. Vielleicht deckt die neue Genom-Forschung in Zukunft auch noch weitere wichtige Zusammenhänge auf.

In der folgenden Tabelle sind die wichtigsten bisher identifizierten Stoffe aufgeführt, die die Krebsentstehung fördern oder hemmen:

Krebs fördernde Stoffe	Krebs hemmende Stoffe
Stoffe im Zigarettenrauch	Reichlicher Verzehr von Obst und Gemüse
Nitrosamine, geräucherte und gesalzene Lebensmittel	Alle Kohlarten, Knoblauch, Sojabohnen, Karotten, Sellerie, Zwiebeln
Alkohol	Grüner Tee, scharzer Tee
Vermehrte Fett- und Gesamtenergieaufnahme	Vitamine, besonders Vitamin C, Vitamin E, Beta-Carotin
Aflatoxine	Mineralstoffe, besonders Selen
Chemische Gifte, Radioaktivität	Sekundäre Pflanzenfarbstoffe
	Ballaststoffe

Warum benötigen gerade ältere Menschen vermehrt Schutzstoffe?

Jugendliche verfügen meist über genügend Abwehrkräfte, und außerdem ist ihre Fähigkeit zu körpereigenen Reparaturen von Schäden intakt. Daher wird es seltener notwendig sein, bei ihnen Zusatzstoffe einzusetzen, außer vielleicht bei oder nach akuten Krankheiten. Je älter ein Mensch wird, desto mehr verkehrt sich das ins Gegenteil. Die Alterung hat zur Folge, dass die körpereigene Reparaturfähigkeit mehr oder weniger versagt und Schäden, die der Körper bei jungen Menschen ohne Probleme repariert, zu bleibenden Organschädigungen führen. Eine der Ursachen für die abnehmende Reparaturfähigkeit des Körpers ist, dass sich im Laufe des Lebens Gifte aller Art, besonders Schwermetalle, angehäuft haben und die Leistung der Ausscheidungsorgane, besonders der Nieren, mit zunehmendem Alter schwächer wird. Wenn sich dazu noch die Folgen durch Fehl- oder Mangelernährung gesellen, so sind die meisten Voraussetzungen sowohl für die fortschreitende Alterung als auch für eine Krebsförderung geschaffen.

Welche Empfehlungen geben Sie zum Krebsschutz?

Sie sollten:

- Nahrungsmittel bevorzugen, die reichlich Krebsschutzstoffe enthalten, wie Vollkornprodukte, Obst (nach neuesten amerikanischen Studien vor allem Äpfel!), Gemüse, milchsaure Produkte, Hülsenfrüchte, Hefe, Weizenkeime, Weizenkleie, Milch und Milchprodukte.
- Mehr Weißkohl, Rotkohl, Brokkoli, Rosenkohl, Kohlrabi, Blumenkohl und Karotten verzehren.
- Die Nahrung so naturbelassen wie möglich verzehren und bei der Zubereitung schonende Verfahren, beispielsweise Dünsten oder Dämpfen, wählen.
- Gepökelte und stark gesalzene Nahrungsmittel meiden.
- Fettarme Produkte bevorzugen und fetthaltige Süßigkeiten wie Torten oder Schokolade reduzieren oder meiden.
- Zu heiße Getränke und Speisen meiden.
- Maßhalten mit Alkohol.
- Übergewicht meiden.
- Auf Rauchen verzichten.

Metabolisches Syndrom

Fallbeispiel

Eine 60-jährige Lehrerin ist sehr beunruhigt. Sie äußert den Verdacht, sie bekomme auch die Zuckerkrankheit, da ihre zwei Jahre ältere Schwester bereits unter dieser Krankheit leidet. Aus dem mitgebrachten Untersuchungsbericht geht hervor, dass die übergewichtige Patientin bereits mäßig erhöhte Cholesterin- und Triglyzeridwerte hat. Ich mache sie darauf aufmerksam, dass, falls nichts unternommen wird, sich die Werte weiter erhöhen und daraus sich ein Metabolisches Syndrom entwickeln kann. Ich rate ihr zur Gewichtsabnahme durch Bewegung und zu kalorienreduzierter Kost. Außerdem müssen die bei der BFD-Testung festgestellten Mängel an Zink, Chrom und Vitamin E ergänzt werden.

Bezüglich des Metabolischen Syndroms noch eine Frage an Dr. Busse:

Die BFD-Testung hat sich auch beim Metabolischen Syndrom bewährt. Von besonderer Bedeutung ist, dass mittels dieser Testung Störungen früh erkannt und eine entsprechende Frühbehandlung durchgeführt werden kann. Wie entsteht dieses Syndrom, welche Mängel haben die Betroffenen und wie sieht die Therapie aus?

Das Metabolische Syndrom ist ein Komplex von Stoffwechselstörungen und fördert die Entstehung eines Altersdiabetes. Wenn das Insulin seine Aufgaben nicht mehr normal erfüllen kann, spricht man von einer Insulinresistenz. Der Organismus reagiert darauf mit einer Erhöhung der Insulinproduktion (Hyperinsulinämie). Schließlich versagt irgendwann die Bauchspeicheldrüse und kann den erhöhten Insulinbedarf nicht mehr deckem. Dann ist der Betreffende an einem Altersdiabetes erkrankt.

Schon in den Vorstadien entstehen Folgen für den Stoffwechsel, die einen Krankheitswert haben. Das sind insbesondere Übergewicht, die Erhöhung der Blutfette und weitere Risiken. Man kann in diesem Stadium die Verzögerung der Fortentwicklung und auch eine Rückentwicklung dadurch erzielen, dass man neben der sehr wichtigen kohlenhydrat- und kalorienarmen Diät zusätzlich bestimmte Nährstoffe einsetzt, die die Insulinresistenz vermindern. Das sind Zink und Chrom. Den Versorgungsgrad beziehungsweise den Bedarf an beiden Mineralstoffen kann man testen. Mit der Ergänzung des fehlenden Zinks und Chroms gelingt es bei Einhaltung einer kohlenhydratarmen Diät meist, das Metabolische Syndrom zu beseitigen (s. auch Seite 17 f.).

Mehr Fragen und Antworten

Compliance – Mitarbeit des Betroffenen

Welche Erfahrungen haben Sie bezüglich der Mitarbeit Ihrer Patienten, der Compliance, gemacht? Haben Sie den Eindruck, dass Ihre Verschreibungen und Empfehlungen manchmal nur wenig befolgt werden?

Das ist unterschiedlich. Die Compliance setzt voraus, dass der Betroffene den Sinn der Verordnung erkennt und die Wirkung selbst spürt. Die meisten Patienten halten sich an meine Anordnungen, weil ich ihnen erkläre, was ich damit erreichen möchte. Manchmal fehlt es aber an der permanenten Fortsetzung von Verordnungen, das heißt, die verordneten Mittel werden abgesetzt, sobald der Betroffene sich besser fühlt. Wenn ein Behandlungsziel erreicht wurde, so bedeutet das aber noch nicht, dass anschließend mit der Einnahme der Medikamente aufgehört werden könnte. Meist ist es notwendig, eine Zeit lang damit fortzufahren, damit die Beschwerden nicht wieder auftreten.

Da die meisten von mir verordneten Medikamente unter den Begriff Nahrungsergänzungsmittel fallen, wird vielfach die Erstattung von den Krankenkassen abgelehnt, sodass der Betreffende sie selbst bezahlen muss. War jemand ernstlich erkrank und konnte sich von der günstigen Wirkung der Medikation überzeugen, zögert er in der Regel nicht, sie sich weiter zu besorgen. Anders ist es dagegen bei leichteren Gesundheitsstörungen. Ich sehe den Patienten oft erst dann wieder, wenn sich sein Zustand erneut verschlechtert hat.

Warum werden die verordneten Mittel von den Krankenkassen meist nicht bezahlt?

Fast alle meine Verordnungen fallen in die Kategorie der Nahrungsergängszungsmittel, weil sie keine chemischen und körperfremden Medikamente sind, wie etwa Statine als Cholesterinsenker, die zwar teuer sind, aber ohne weiteres von den Krankenkassen bezahlt werden. Vitamine zum Beispiel werden dagegen nicht bezahlt mit der Begründung, man könnte sie in genügender Menge mit der richtigen Ernährung aufnehmen.

Nierenüberprüfung

Haben Sie Erfahrungen sammeln können, welche Folgen für den Mineralhaushalt kranke oder geschwächte Nieren haben?

Die Filterorgane der Nieren sorgen unter anderem dafür, dass giftige Stoffe und die meisten Endprodukte von chemischen Medikamenten ausgeschieden werden. Allerdings müssen die Nieren auch die Stoffe, die der Körper benötigt, zurückhalten, indem sie sie in den Nierenkanälchen wieder rückresorbieren. Bestimmte Medikamente, die die Wasserausscheidung fördern und den Blutdruck senken, können aber auch diese Rückresorption stören und so zu Mängeln führen.

Wenn eine Beeinträchtigung der Nierenfunktion besteht, kann man häufig gleichzeitig ein Absinken der Kaliumwerte feststellen. Das kann sich ungünstig auf die Herzfunktion auswirken. Wenn die Nierenbeeinträchtigung medikamentös behoben oder Kalium zugeführt wird, verbessert sich dies wieder.

Vegetarische und vollwertige Ernährung

Haben Sie Erfahrungen sammeln können über Mängel, die bei Vegetariern gehäuft auftreten?

Die Frage nach typischen Mängeln bei (strengen) Vegetariern stellt sich immer wieder. Meine Beobachtungen darüber sind folgende: Falls sich jemand nicht sehr streng vegetarisch ernährt und genügend Eier und Milch konsumiert, so ist im Allgemeinen kein oder kaum ein Mangel feststellbar. Anders ist es dagegen bei strengen Vegetariern. Hier fand ich im Test zunächst einen Mangel an Schwefel, der auf eine Unterversorgung mit schwefelhaltigen Aminosäuren hinweist. Dazu gehören in erster Linie L-Cystein und L-Glutathion, meist aber auch Taurin. Das sind wichtige Bausteine für Eiweiße und man kann sie mittels Aminosäuren-Gemischen ergänzen. Von »Amino-Plus« oder dem amerikanischen Präparat »Amino 75« benötigt man täglich 3 bis 4 Kapseln.

Der Mangel an Eiweißen kann sich an etlichen Stellen bemerkbar machen und auch die Immunabwehr beeinträchtigen. Er sollte also auf jeden Fall behandelt werden.

In einer Kundenzeitschrift betonte ein Leser, es gäbe keine Notwendigkeit, Nahrungsergänzungsmittel zu nehmen. Auch glaubt er nicht den Meldungen über eine dramatisch sinkende Vitalstoffdichte in Lebensmitteln, jedenfalls nicht in verantwortungsvoll produziertem Bio-Obst und -Gemüse. Was meinen Sie dazu?

Ich halte diese Meinung für falsch. Entscheidend für eine ausreichende Versorgung mit Nährstoffen ist der Bedarf jedes Einzelnen, der von seinem Gesundheitszustand und eventuell vorhandenen Krankheiten abhängt. Wenn jemand in meine Praxis kommt, hat er in der Regel bereits irgendwelche gesundheitlichen Probleme. Ich habe noch nie einen Fall erlebt, bei dem bei der Erstuntersuchung alle Parameter im optimalen Bereich waren, auch wenn der Betroffene glaubte, sich gesund ernährt zu haben. Wie will jemand entscheiden oder erkennen können, ob seine Ernährung ihm alles in den optimalen Mengen bietet?

Da ein noch nicht gealterter Organismus über die Fähigkeit der Selbstreparatur verfügt und auf diese Weise Ungleichgewichte im Stoffwechsel auszugleichen vermag, werden sich erst dann gesundheitliche Einbußen als Befindensstörungen oder Krankheitssymptome bemerkbar machen, wenn die natürlichen Kompensationsmechanismen nicht mehr ausreichen. Diese Entwicklung hängt auch stark vom Lebensalter des Betreffenden ab. Das heißt, je älter jemand ist, desto weniger kann sein Stoffwechsel Ungleichgewichte ausgleichen.

Ich kenne keine Methode, mit der man die angebotenen Lebensmittel auf ihre Vollwertigkeit oder Schadstoffbelastung beurteilen könnte, und ob sie wirklich das abdecken, was der Betreffende benötigt. Allein die Testmedizin ist dazu in der Lage, indem sie anzeigt, dass keine freien Radikale vorhanden sind oder durch die Nahrungsmittel keine gebildet werden.

Was halten Sie von Bio-Obst und Bio-Gemüse? Ist die Verwendung solcher Produkte sinnvoll, oder halten Sie sie nicht für notwendig?

Das ist ein weites Feld, wie Fontane sagte. Damit möchte ich andeuten, dass der Konsum solcher Produkte wohl oft allein auf dem Vertrauen der Verbraucher beruht, weil man die Echtheit der Bezeichnung nicht kontrollieren kann. Falls es sich wirklich um echte Bio-Produkte handelt, so kann man davon ausgehen, dass keine schädlichen Chemikalien als Rückstände in ihnen enthalten sind. Aber schon ein Feldnachbar, der reichlich spritzt, oder ein Feld, das neben einer Autostraße liegt, kann die Qualität der Produkte relativieren. Wenn jemand einen Landwirt kennt, der sein Feld wirklich ökologisch bewirtschaftet, so möchte ich das als einen Glücksfall bezeichnen. Für den Massenkonsum kann so etwas aber kaum in Frage kommen, und wir sollten uns damit abfinden, dass wir eine gewisse Menge an Schadstoffen einfach »verdauen« müssen.

Und wenn wir diese gewisse Menge an Schadstoffen einfach nicht umgehen können, wie können wir die Folgen »verdauen«?

Mit dem in den vorhergehenden Kapiteln Gesagten zur Wichtigkeit der Vitalstoffe und den gegebenen Verhaltenshinweisen kann sich jeder weitgehend vor den schädlichen Auswirkungen der Schadstoffe schützen. Es gibt natürlich Menschen, die außerordentlich empfindlich reagieren und entsprechende Beschwerden bekommen. Diese Menschen sind zu bedauern, weil sie so weit wie möglich alles Schädliche vermeiden müssen, was sehr schwierig sein kann. Die BEV (Bioelektronik nach Voll) und die bioelektrische Funktions-Diagnostik bieten an, sie über homöopathisierte, also stark verdünnte Gifte, die gespritzt werden müssen, zu entgiften. Häufig ist es aber auch möglich, in diesen Fällen Gift ausscheidende Homöopathica-Gemische einzusetzen, etwa »Toxex«, »Antitox« oder »Derivatio H«. Unter Umständen kann es aber schwierig sein, solchen chemieempfindlichen Menschen zu helfen, denn nicht immer wirken die Homöopathica. Es gibt auch eine Spezialklinik, die sich damit befasst.

Was fördert die Ausscheidung organischer Gifte, etwa von Pflanzenschutzmitteln?

Es gibt eine ziemlich große Anzahl giftiger organischer Stoffe. Zeigen sich bei jemandem deutliche Radikalenbelastungen, die sonst nicht erklärbar sind, verschlechtert sich jemandes Gesundheitszustand trotz Behandlung und obwohl sonst keine schädigenden Einflüsse zu erkennen sind, dann muss man an solche Stoffe denken. In Berührung mit organischen Giften kann man im Beruf oder auch im Privatleben kommen.

Möglicherweise kann dieser gesundheitsschädigende Faktor relativ einfach beseitigt werden, indem man versucht, die allgemeine Giftausscheidung zu fördern. Mittel dafür sind zum Beispiel Toxex-Tropfen, Antitox-Tropfen oder auch Derivatio-H-Tabletten, die man in ihrer Wirkung austesten kann.

Haben Sie Erfahrungen mit Erdstrahlen gemacht und wie kann man ihre negativen Folgen auf die Gesundheit abwehren?

Damit habe ich mich nicht befasst, obwohl es darüber reichlich Literatur gibt. Dieses Phänomen berührt das Gebiet der orthomolekularen Medizin nicht direkt. Mein Eindruck ist aber, dass ein intakter Stoffwechsel, der mit allen erforderlichen Körperkonstituenten einschließlich der Radikalenfänger reichlich versorgt ist, wohl kaum durch Erdstrahlen ernsthaft gefährdet werden kann. Er kann alle Folgen der Erdstrahlen neutralisieren.

Falls jedoch Erdstrahlen trotzdem einen negativen Einfluss ausüben, so sollten diese meines Erachtens durch reichlich Radikalenfänger abzuwehren sein. Ich kenne keine Untersuchung zur Krebsentstehung durch Erdstrahlen, bei der die Erdstrahlen als alleinige Ursache gefunden wurden. In keinem Fall konnten andere Einflüsse als Ursache für das Krebsgeschehen ausgeschlossen werden. Dabei möchte ich aber betonen: Es ist natürlich denkbar, dass es durchaus sein kann, dass ich nicht alle Studien kenne.

Anti-Aging-Programm

Vorbemerkungen

Mit 50 so jung sein wie mit 40. Mediziner sind der Ansicht, man könne durch entsprechende Verhaltensweisen und die Zuführung von Radikalenfängern und Hormonen, täglichen Sport, Entspannungsübungen und andere Maßnahmen die biologische Uhr um zehn Jahre zurückdrehen. Inzwischen gibt es spezielle Altersmessungen, so genannte Age-Scans. Die Forscher testen zwölf Biomarker, darunter Reaktionsfähigkeit, Tastsinn, Hörfrequenzen, Sehvermögen, Lungenkapazität, Merkfähigkeit, Knochendichte, Hormonspiegel und die Körperzusammensetzung aus Fett, Muskelmasse und Wasser. Danach sprechen die Analysten entsprechende Empfehlungen aus.

Ein wichtiger Faktor für den Alterungsprozess sind freie Radikale, die die Erbsubstanz der DNA durch Oxidation schädigen. Junge Menschen verfügen über die Möglichkeit einer Selbstreparatur von geschädigter DNA. Je älter ein Mensch wird, desto mehr verringert sich diese Fähigkeit. Ab irgendeinem Zeitpunkt versagt die Reparatur von DNA und somit beginnt zwangsläufig auch ein Alterungsprozess. Was kann man tun, um diesen Vorgang hinauszuzögern? Man sollte dem Körper alle Vitalstoffe in ausreichender Menge anbieten und die Bildung freier Radikale möglichst ausschalten.

Mittels verschiedener Untersuchungsmethoden ist es möglich, die Radikalenbelastung, den Mangel und den Bedarf an wichtigen Schutzstoffen zu testen. Eine einfache und sichere Methode ist die in diesem Buch beschriebene bioelektrische Funktions-Diagnostik (s. Seite 99 ff.).

Mit Hilfe des Anti-Aging-Programms ist es möglich, die Gesundheit zu erhalten und die natürliche Lebensspanne zu verlängern. Von besonderer Wichtigkeit ist, dass wir nicht nur dem Leben mehr Jahre, sondern den Jahren mehr Leben geben.

Beachten Sie auch: Ein regelmäßiger Arzt- und Zahnarztbesuch sowie die Inanspruchnahme von Vorsorgeuntersuchungen und regelmäßige Blutdruckkontrollen sind wichtig.

Das Programm

Machen Sie gezielt Folgendes:

Abnehmen ohne Frust und Krampf, z.B. mit der Pfunds-Kur nach Professor Dr. Volker Pudel	**Normal- beziehungsweise Wohlfühlgewicht anstreben**	BMI (Body-Mass-Index) von 20 bis 25 entspricht Normalgewicht (BMI = Körpergewicht in kg, geteilt durch das Quadrat der Körpergröße in cm)
Empfehlenswert: Nikotinpflaster, Raucherentwöhnungsprogramme	**Rauchen aufgeben**	Rauch enthält Nikotin, Kohlenoxid, Stickstoffoxide, Reizgase, Krebs erregende Stoffe
Die gesundheitlich verträgliche Menge ist in 0,5 l Bier oder 0,25 l Wein enthalten (diese Mengen gelten für den Mann)	**Alkohol nur in Maßen trinken**	Gesundheitlich verträglich laut Deutscher Gesellschaft für Ernährung (DGE) für den Mann: 20 g reiner Alkohol/Tag; für die gesunde Frau: 10 g/Tag (laut DGE nicht jeden Tag zuführen!)
Empfehlenswert: Vollwertige Ernährung, gut zusammengestellte vegetarische Ernährung (z.B. ovo-lactovegetarisch), Mittelmeerdiät	**Sich vollwertig ernähren**	Reichlich Vollkornprodukte, Milch- und Milchprodukte, viel Obst und Gemüse, wenig Eier, Fleisch und Fisch
Empfehlenswert: Frucht- und Gemüsesäfte, Mineralwasser, gutes Leitungswasser, Kräuter- und Früchtetees, Molke, Milch	**Ausreichend trinken**	Mindestens 2 l pro Tag
Empfehlenswert: Nahrungsmittel mit bioaktiven Stoffen (z.B. Tomaten, Sojabohnen, Nüsse, Getreide, Obst und Gemüse, Hülsenfrüchte, Kohl)	**Schutzstoffe und Radikalenfänger zuführen**	Besonders wichtig: Coenzym Q10, bioaktive Stoffe, Vitamin E, Vitamin C, Beta-Carotin, Aminosäuren, Magnesium, Selen, Zink

Empfehlenswert: Für eine saubere Umwelt sorgen, Verzehr von Wildpilzen und Innereien reduzieren, Rauchen einschränken oder ganz aufgeben, Passivrauchen vermeiden!	**Toxische Belastung minimieren**	Essentielle Spurenelemente (Selen, Zink) und Vitamine (C, E, Beta-Carotin) entfalten eine Schutzwirkung
Empfehlenswert: Entspannungsübungen (z.B. autogenes Training, Atemübungen, Muskelentspannung nach Jacobson, Eutonie, Yoga, Beten)	**Schädlichen Stress abbauen**	Wichtig: Befreiung von seelischem Müll; Aussprache; negative Gedanken in positive verwandeln
Empfehlenswert: Entspannungstechniken, geistig-seelische Ausgeglichenheit anstreben, für körperliche Ermüdung sorgen, geringe Belastung des Stoffwechsels	**Gesunden Schlaf anstreben**	Neugeborene und Kinder schlafen am längsten, die REM-Phasen (Traumphasen-Anteile) betragen 50 Prozent. Je älter ein Mensch ist, umso kürzer die Schlafzeit und umso geringer der REM-Anteil
Empfehlenswert: Bewegung, Freude, positives Denken, zufrieden stellendes Liebesleben, Entspannung, Gedächtnistraining	**Training für Körper, Geist und Seele**	Effekt: Vitalität durch Training von Muskeln und Gehirnzellen
Empfehlenswert: Körperpflege, die von innen und außen wirkt, mäßiges Bräunen, Atemübungen, Wellnesskuren	**Ganzheitliche Körperpflege**	Schöne Haut durch Schutz- und Wirkstoffe; Schutzstoffe gegen UV-Strahlen (aus Algen und Tomaten); Sonnenschutzmittel mit hohem Lichtschutzfaktor!

Positive Wirkungen

	Positive Wirkungen
Normal- beziehungsweise Wohlfühlgewicht	Normalisierung des Blutdruckes; geringere Neigung zu Herzinfarkt, Schlaganfall, Diabetes, Fuß-, Gelenk- und Beinbeschwerden; erhöhte Lebenserwartung
Nichtrauchen	Geringere Neigung zu Lungenkrebs und Herz-Kreislauf-Erkrankungen; geringere Belastung mit freien Radikalen; höhere Lebenserwartung; geringere Faltenbildung der Haut
Mäßiger Alkoholgenuss	Weintrinker, insbesondere Rotweintrinker, leiden seltener an Herzerkrankungen; Verlangsamung der Blutgerinnung (Thromboseschutz!); Erhöhung der Durchblutung der Verdauungswege; lebensverlängernde Wirkung Wein ist ein sinnvoller Essenbegleiter; fördert besonders zusammen mit Speisen das Wohlbefinden
Vollwertige Ernährung	Hoher Sättigungswert; Stärkung des Immunsystems; Erhöhung der körperlichen und geistigen Leistungsfähigkeit; geregelte Verdauung; Vorbeugung vor Zivilisationskrankheiten Nach einer Studie der Harvard-Universität in Boston (USA) genügen täglich 25 bis 30 g Müsli, um das Risiko einer Herzerkrankung um 35 Prozent zu senken
Mittelmeerdiät	Niedrige Erkrankungszahlen an koronaren Herzkrankheiten und längere Lebenserwartung in den Mittelmeerländern, insbesondere in Griechenland und Süditalien. In Ländern mit hohem Fleisch-, Wurst-, Butter- und Margarineverzehr stieg die Erkrankungszahl dramatisch an. Warum ist die Mittelmeerdiät so gesund? Sie liefert reichlich Olivenöl, das eine günstige Zusammensetzung der Nahrungsfette hat, ferner reichlich Omega-3-Fettsäuren aus Seefischen, komplexe Kohlenhydrate und Ballaststoffe, reichlich Vitamine und Mineralstoffe, bioaktive Pflanzenstoffe und Polyphenole aus dem Rot-

	Positive Wirkungen
	wein. Polyphenole entfalten eine Herz-Kreislaufschützende Wirkung, hemmen die Oxidation des LDL-Cholesterins und verhindern die Zusammenballung der Blutplättchen (Thrombozyten)
Reichlich trinken	»Spülen« der Nieren; schnellere Ausscheidung von Stoffwechselprodukten; Vorbeugung vor Nieren- und Blasensteinen Bei zu wenig Flüssigkeit wird das Blut dickflüssiger. Die Folge ist u.a., dass der Haut Wasser entzogen und diese trocken wird
Zuführen von Schutzstoffen und Radikalenfängern	Verhinderung der Radikalenerkrankungen
Toxische Belastung minimieren	Geringere Bildung von freien Radikalen; Vermeidung von Organ- und Nervenschäden; Erhaltung der Enzymaktivität; eventuell Verhinderung von Autoimmunkrankheiten
Abbau von schädlichem Stress	Normalisierung des Blutdruckes und des Hormonspiegels; Verringerung von Herz-Kreislauf-Erkrankungen; Wiedererlangung der Potenz; Verhinderung von Magen-Darm-Geschwüren, Verstopfung und Darmentzündung; Erhöhung der Abwehrkraft gegenüber Krankheiten; Verringerung emotionaler Probleme
Gesunder Schlaf	Wer kennt nicht das herrliche Gefühl nach einem erquickenden Schlaf? Der aus Morpheus Armen Gerissene ist frisch und energiegeladen, bereit, das Tagesprogramm mit Bravour zu meistern. Der Schlaf ist auch der Schlüssel zu einer schönen Haut. In der Nacht werden Aufnahmefähigkeit und Zellteilung intensiviert, die Hautatmung gesteigert, Stoffwechselprodukte und körperfremde Stoffe vermehrt abgebaut und abtransportiert
Körpertraining, Regelmäßige Bewegung	Stärkung von Herz, Kreislauf, Muskeln und Lunge; Anregung des Verdauungssystems und des Stoffwechsels; Er-

	Positive Wirkungen
	höhung der Widerstandskraft; Senkung des Blutdruckes und Cholesterinspiegels; Balsam für die Seele. Etliche Studien ergaben außerdem, dass regelmäßige Bewegung gegen Antriebsschwäche, Gedächtnis- und Reaktionsstörungen hilft. Eine japanische Studie ergab, dass Bewegung sogar vor Alzheimer-Krankheit schützt. Wahrscheinlich wird durch die sportliche Betätigung das Gehirn besser durchblutet und die mentale Leistung gefördert. Wichtig ist, den Körper zu Beginn nicht zu sehr zu belasten. Bewegung sollte Freude, Zufriedenheit und Ausgeglichenheit bringen! Drei schnelle 30-minütige Spaziergänge pro Woche bewirken bereits Positives!
Geistiges Training	Nach einer Studie von Dr. Wolf Oswald von der Universität Erlangen-Nürnberg bewältigen Ältere nach einem körperlichen und geistigen Training (Gedächtnisübungen) länger ihren Alltag ohne Hilfe und leiden weniger unter geistigem Abbau als Vergleichsgruppen, die nur die Motorik oder nur das Gedächtnis trainierten
Freude und Lachen	Freudige Erregung erhöht die Atemfrequenz, regt den Kreislauf und die Verdauung an. Auch die Drüsen kommen auf Hochtouren. Freude steigert die Hirndurchblutung, alle Organe werden besser mit Sauerstoff versorgt. Wer Humor hat, ist gesünder und leistet mehr. Schädlicher Stress kann durch ein befreiendes Lachen abgebaut werden.
Ganzheitliche Körperpflege	Haut bleibt länger gesund, frisch, schön und geschmeidig, wird besser durchblutet, zeigt eine geringere Faltenbildung. Auch Haare und Nägel bleiben schön. Die ganzheitliche Körperpflege, sei es zuhause, bei der Kosmetikerin oder auf einer Wellnessfarm, ist Balsam für die Seele und steigert das Selbstbewusstsein Wichtig ist es, immer von innen (Vitalstoffe zuführen) und außen zu pflegen. Niemals nur ein Stück Haut behandeln, sondern den ganzen Menschen

Anhang

Literaturverzeichnis

Blaurock-Busch, Eleonore: Orthomolekulartherapie in der Praxis – Mit Nährstoffen heilen, Natura Med Verlag, Neckarsulm 1995

Breden, Heidrun/Scholz, Heinz: Meine Hausapotheke, Midena Verlag, Küttigen 1995

Burgerstein, Lothar: Heilwirkung von Nährstoffen, Haug Verlag, Heidelberg, 6. Auflage 1991

Busse, Wolfgang: Metabolisches Syndrom – transparent durch BFD-Testung, Erfahrungsheilkunde 3, 1995

Busse, Wolfgang: Toxische Radikalwirkungen – erkennen und therapieren mittels BFD, Erfahrungsheilkunde 10, 1995

Busse, Wolfgang: Vorstellung einer BFD-Testmethode für das Immunsystem, Erfahrungsheilkunde 2, 1992

Busse, Wolfgang: Über das Phänomen der Neutralisation im BFD-Kurztest nach Vill, Erfahrungsheilkunde 11, 1990

Deutsche Gesellschaft für Ernährung: Referenzwerte für die Nährstoffzufuhr, Umschau-Braus Verlagsgesellschaft, Frankfurt a. M. 2000

Fuchs, Norbert: Mit Nährstoffen heilen, eine Einführung in die komplexe Orthomolekular Nährstoff-Therapie, Ralf Reglin Verlag, Köln 1999

Gröber, Uwe: Orthomolekulare Medizin, Wissenschaftliche Verlagsgesellschaft, Stuttgart 2000

Hagen, Martina: Krebs und Vitamin C, DAZ Nr. 10, 1999

Jochum-Guillon, Mireille; Waldmann, Werner: Verwöhn Dich! Die besten Wellness-Tipps für Zuhause, DuMont Buchverlag Köln 2001.

PRAXIS-telegramm 1/2000: Aminosäuren und andere Mikronährstoffe bei Erkrankungen des Nervensystems

Prinzinger, Roland: Das Geheimnis des Alterns, Campus Verlag, Frankfurt a. M. 1996

Reglin, Felicitas: Bausteine des Lebens, Aminosäuren als Nährstoffe und Heilmittel, Ralf Reglin Verlag, Köln 1999

Scholz, Heinz: Mineralstoffe und Spurenelemente, Trias Verlag, Stuttgart, 4. Auflage 1996

Scholz, Heinz: Vitamine, ihre große Bedeutung für den menschlichen Organismus, Kneipp Verlag, Bad Wörishofen 1988

Schulte, Uwe: Omega-3-Fettsäuren schützen vor Herzinfarkt (Ergebnisse der GISSI-Studie), Deutsche Apotheker Zeitung, Nr. 35, 1999

Singer, Peter: Was sind, wie wirken Omega-3-Fettsäuren? 44 Fragen – 44 Antworten, Umschau Zeitschriftenverlag, Frankfurt a. M. 1995

Der kleine »Souci-Fachmann-Kraut«, Wissenschaftliche Verlagsgesellschaft, Stuttgart 1991

Zerbst, Marion; Jochum-Guillon, Mireille: Algen – natürliche Quelle der Vitalität, Trias Verlag, Stuttgart 1998.

Wichtige Adressen

Interessierte können bei Dr. Busse schriftlich oder per Fax Auskünfte einholen.

Dr. med. Wolfgang Busse, Klausenberg 13, D-86199 Augsburg, Fax: 0821/9984191

Dr. med. Peter Vill, Präsident der Internationalen Forschungsgemeinschaft für Bioelektrische Funktionsdiagnostik und Therapie e.V., Burgbergstr. 110, D-91054 Erlangen, Fax: 09131/15218

BFD-Sekretariat: Johannes Krebs, Am Kleinwald 40, D-76863 Herxheim, Telefon: 07276/919376, Fax: 07276/919553

Labor für spektralanalytische und biologische Untersuchungen, Dr. Bayer GmbH, Bopserwaldstr. 26, D-70184 Stuttgart, Telefon: 0711/164180

Micro Trace Minerals, Labor für spektroanalytische Untersuchungen (auch Haarmineralienanalysen), Röhrenstraße 20, D-91217 Hersbruck, Telefon: 09151/4332

Thalasso Plus®, Labor für Meeresforschung, Kaiserstraße 7, D-66111 Saarbrücken; Tel.: 0681/36219 oder 30638 oder 51738; Fax 0681/55487 oder 374269. Unter dieser Adresse bekommen Sie detaillierte Infos zu Wellness-Kuren, Thalassotherapie, Thalasso-Plus®-Therapie*, Eßalgen, Algenpräparate und Thalasso-Anwendungen (auch für Heimkuren).

* Die Algenexpertin Mireille Guillon hat diese Meerestherapie zu einem Gesundheitsquell für mehr Schönheit, Vitalität und jugendliche Frische entwickelt. Die Therapie (innerlich und äußerlich angewandt!) wirkt u.a. bei folgenden Beschwerden: Anti-Aging, Erschöpfungszustände, Streßerscheinungen, Cellulite und Übergewicht, rheumatischen Erkrankungen, Frauenleiden (Klimakterium), vegetative Dystonie, bei Haut- und Haarproblemen, bei Atemwegserkrankungen.

Thalasso Farm®Institut Mireille, Steigenberger Hotel Badischer Hof, Lange Straße 47, D-76530 Baden-Baden, Tel.: 07221/22226, Fax: 07221/23665 (Infos zum Kennenlernen der Therapie und Infos über die Kurbehandlung).

Die Autoren

Dr. med. Wolfgang Busse war ursprünglich Pharmakologe und später Internist. Dann lernte er in Florida die Orthomolekulartherapie kennen. Seitdem ließ ihn dieses Heilverfahren mit Nährstoffen, das ausgezeichnete Erfolge vorzuweisen hat, nicht mehr los. Busse spezialisierte sich auf dem Gebiet der bioelektrischen Funktions-Diagnostik (BFD). Mittels dieser Elektro-Akupunktur-Methode ist es möglich, Mängel an essentiellen Stoffen, Vergiftungen, toxische Radikalwirkungen und den Zustand des Immunsystems festzustellen. Der Mediziner setzt seit 1986 in Augsburg die BFD erfolgreich ein. Er verfügt über ein umfangreiches Wissen zum Thema Nährstoffe.

Heinz Scholz ist Arzneimittelanalytiker und freier Autor. Seit vielen Jahren publiziert er Arbeiten zu den Themenbereichen Ernährung, Medizin, Vitamine, Mineralstoffe, Kosmetik und Naturheilkunde in populärwissenschaftlichen Büchern und Zeitschriften des In- und Auslandes. Außerdem ist er in Vorträgen und Rundfunksendungen zu hören. Seine Hobbys sind die Nahbereichsfotografie, und er beschäftigt sich auch mit Archäologie, Medizin, frühen Kulturen und Astronomie.

Sachverzeichnis